ドリル王国へようこそ!!

ドリル王子

王様になるために 毎日がんばっているよ!

王子をいつも おうえんしていますぞ!

JN059290

① 勉強するときは、このドリルをつかっているよ!

② そっ、それは!

③ しっかり練習できて…

切り取れる!
キリトリ

スイーツしながら 問題をすすめられる…

cat

キャット!

⑤ そう…それは
ドリルの王様!

ジャーーーン!

⑥ ほかにも こんなものが ありますぞ!

うん うん

⑦
がんばり表

プリふれ

プリンターをつかって 楽しく学べるよ!

いっしょに がんばろう!!

※「プリふれ」はブラザー販売株式会社のコンテンツです。

ドリル王子の日常

ドリル王子の雪遊び

ドリル王子の耳

アルファベットの復習
大文字／小文字

1 A から Z まで歌を聞いてみましょう。
その後、文字を順になぞりましょう。

[エイ]　　　[ビー]　　　[スィー]　　　[ディー]　　　[イー]　　　[エフ]

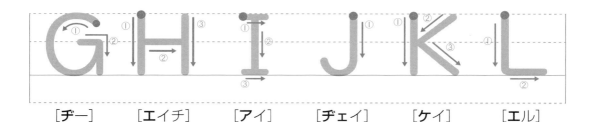

[ヂー]　　　[エイチ]　　　[アイ]　　　[ヂェイ]　　　[ケイ]　　　[エル]

[エム]　　　[エン]　　　[オウ]　　　[ピー]　　　[キュー]　　　[アー]

[エス]　　　[ティー]　　　[ユー]　　　[ヴィー]　　[ダブリュー]　[エックス]

[ワイ]　　　[ズィー]

> アルファベットには大文字と
> 小文字があり、それぞれ
> 26文字あったね。

🎧ABC Song 歌詞の続き　Happy, happy, shall we be,
when we've learned our ABC's.

2 a から z までアルファベットの名前をひとつひとつ聞いてみましょう。その後、文字を順になぞりましょう。

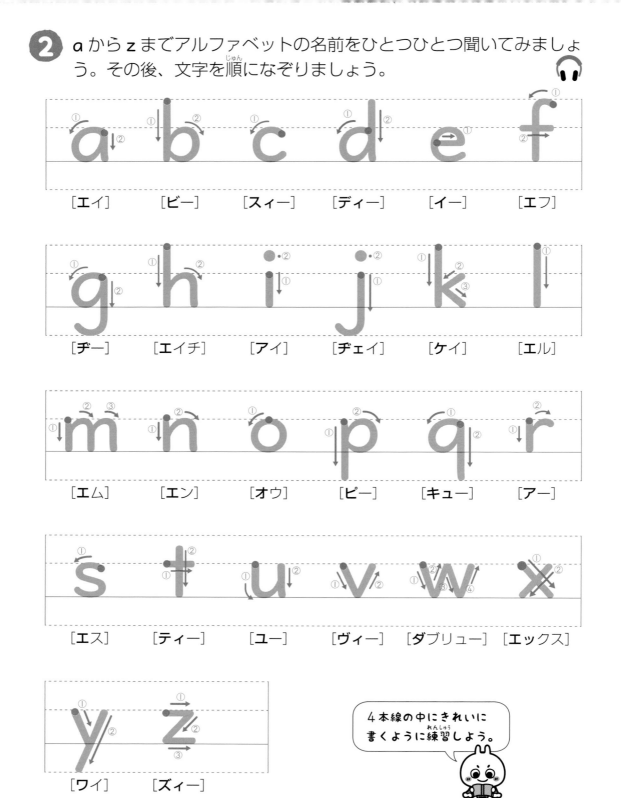

[エイ]　　[ビー]　　[スィー]　　[ディー]　　[イー]　　[エフ]

[ヂー]　　[エイチ]　　[アイ]　　[ヂェイ]　　[ケイ]　　[エル]

[エム]　　[エン]　　[オウ]　　[ピー]　　[キュー]　　[アー]

[エス]　　[ティー]　　[ユー]　　[ヴィー]　　[ダブリュー]　[エックス]

[ワイ]　　[ズィー]

4本線の中にきれいに書くように練習しよう。

英語のちしき アルファベットの書き順に決まったものはありません。ここでは代表的な書き順を示しています。

月　日　時　分〜　時　分

名前

① 単語の音声を聞きましょう。単語をなぞった後、
自分で2回書きましょう。

① 本 [**ブック**]　💡「ノート」は notebook [**ノウトブック**] と言うよ。

book

② かばん [**バッグ**]

bag

③ （ふちのない）ぼうし [**キャップ**]

cap

④ えん筆 [**ペンスル**]　🐦 [ペン**シ**ル] とは読まないので注意。

pencil

⑤ 消しゴム [**イレイサァ**]　🐦最初の e は [イ] と発音するよ。

eraser

⑥ 机 [**デスク**]

desk

⑦ ベッド [**ベッド**]

bed

② 単語の音声を聞きましょう。単語をなぞった後、
自分で２回書きましょう。

① 1 ［**ワン**］

one

② 2 ［**トゥー**］

two

③ 3 ［**スリー**］ ✏️ ［ス］は th と書くよ。

three

④ 4 ［**フォー**］ ✏️ u を書き忘れないようにね。

four

⑤ 5 ［**ファイヴ**］

five

⑥ 6 ［**スィックス**］ 🗣️ x は ［クス］と読むよ。

six

⑦ 7 ［**セヴン**］

seven

⑧ 8 ［**エイト**］ 🗣️ gh は発音しないよ。

eight

⑨ 9 ［**ナイン**］ ✏️ 最後の e を書き忘れないようにね。

nine

英語の ちしき 英単語はアルファベットを組み合わせて書きます。文字と文字の間があきすぎたり、つまったりしないように気をつけましょう。

1 単語の音声を聞きましょう。単語をなぞった後、
自分で2回書きましょう。

① 熊 [**ベア**]　🗣 ear は [エア] と発音するよ。

bear

② ねこ [**キャット**]

cat

③ 犬 [**ド(一)グ**]

dog

④ 象 [**エ**レファント]　🗣 ph は [フ] と発音するよ。

elephant

⑤ ぶた [**ピッグ**]

pig

⑥ ライオン [**ライ**オン]　✏ r ではなく、l で始めるよ。

lion

⑦ さる [**マ**ンキィ]

monkey

5

❷ 単語の音声を聞きましょう。単語をなぞった後、
自分で2回書きましょう。

カレンダー 日月火水木金土	① 日曜日 [**サン**デイ]	💡曜日は大文字で始めるよ。

Sunday

カレンダー 日月火水木金土	② 月曜日 [**マン**デイ]	✏️ Man と書かないように注意。

Monday

カレンダー 日月火水木金土	③ 火曜日 [**トゥ**ーズデイ]	🗣️ s は [ズ] と発音するよ。

Tuesday

カレンダー 日月火水木金土	④ 水曜日 [**ウェ**ンズデイ]	🗣️ 1つ目の d の音は発音しないよ。

Wednesday

カレンダー 日月火水木金土	⑤ 木曜日 [**サ**ーズデイ]	

Thursday

カレンダー 日月火水木金土	⑥ 金曜日 [フ**ラ**イデイ]	🗣️ [ラ] を強く読むよ。

Friday

カレンダー 日月火水木金土	⑦ 土曜日 [**サ**タデイ]	🗣️ [サ] を強く読むよ。

Saturday

カレンダー 日月火水木金土	⑧ 週 [**ウィ**ーク]	✏️ e を2つ続けて書くよ。

week

6 | **英語の ちしき** | 英語では、文字の名前と発音が異なることがあります。例えば、A a は [エイ] のほかに、単語の中で [ア] と発音されることもあります。

英語の文のルール

1 英単語を書くときのポイント

英単語は、アルファベットを組み合わせて書きます。

▶文字を書くときは文字の間かくに注意することが大切です。「かばん」を表す bag を例にして正しい書き方を見てみましょう。

良い例	○	bag

悪い例	✕	bag	b a g
		つまっている	あきすぎている

2 英語の文を書くときのポイント

9 ページからは、次の点に気をつけながら英語の文の練習をしましょう。

▶文のはじめは大文字で始めます。文の終わりはピリオド（ . ）をつけます。

▶単語と単語の間は小文字 1 文字分くらいあけます。

大文字で始める　　　　　　　　　　　ピリオドをつける

My name is Kana.

すき間をあける

▶2 つの単語を 1 つにするときは、アポストロフィ（ ' ）をつけます。

▶人の名前や、土地の名前、月の名前は文の途中でも大文字で始めます。

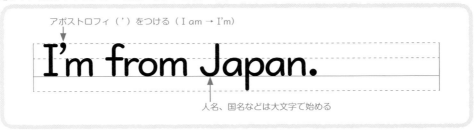

アポストロフィ（ ' ）をつける（ I am → I'm ）

I'm from Japan.

人名、国名などは大文字で始める

▶たずねる文では、文の終わりにクエスチョンマーク（？）をつけます。

▶ Yes や No の後ろには、コンマ（,）をつけます。

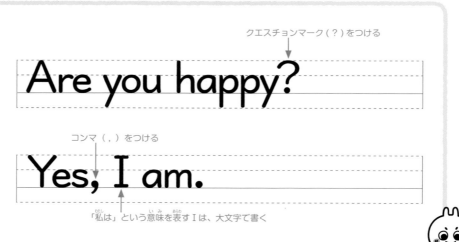

クエスチョンマーク（？）をつける

Are you happy?

コンマ（,）をつける

Yes, I am.

「私は」という意味を表す I は、大文字で書く

英語の文の書き方に注意して、英語の表現を練習しましょう。
表現の音声を聞きましょう。なぞった後、自分で1回書いてみましょう。

 ♪ Let's Chant!

 ① こんにちは。

Hello.

 ② おはよう。

Good morning.

 ③ ありがとう。

Thank you.

 ④ ごめんなさい。

I'm sorry.

6 気持ちや様子が「〜ではない」と伝える

月 日	時 分〜 時 分
名前	

私[あなた]は〜ではありません。　5級

I am not **a teacher.**　　私は先生ではありません。[職業]

[アイ アム ナ(ー)ット ア ティーチャ]

I'm not **sad.**　　ぼくは悲しくないです。[気持ち]

[アイム ナ(ー)ット サッド]

You are not **fine.**　　あなたは元気ではありません。[様子]

[ユー アー ナ(ー)ット ファイン]

♪ Let's Chant!

📌 文のポイント

I am not ☐☐☐☐.　　「私は☐☐☐☐ではありません。」
You are not ☐☐☐☐.　　「あなたは☐☐☐☐ではありません。」

● not は「〜ではない」という意味で、I am や you are の後ろに置かれ、「私[あなた]は〜ではありません」という文になります。

● are not は aren't [アーント] と短く言うことができます。

---

1 次の文をなぞりましょう。指示がある文は自分で1回書き写しましょう。

[アイ アム ナ(ー)ット ア ティーチャ]　　　　私は先生ではありません。

I am not a teacher.

└─ 💡 not は am のあとだよ。

(!) 上の文を書き写しましょう。

[アイム ナ(ー)ット サッド]　　　　ぼくは悲しくないです。

I'm not sad.

[ユー アー ナ(ー)ット ファイン]　　　　あなたは元気ではありません。

You are not fine.

└─ 💡 not は are のあとだよ。

13

2 ☐に当てはまる単語をヒントから選び、日本語に合う文を書きましょう。
ヒントの単語は何度使ってもいいです。

① ぼくは8才ではありません。

I'm ☐ eight.

└─ 💡 「～てはない」という意味の単語が入るよ。

② 私はピアニストではありません。

I ☐ not a pianist.

└─ 💡 「ピアノ」は piano だよ。

③ あなたは学生ではありません。

You're ☐ a ☐ .

④ あなたはおなかがすいていません。

You ☐ not ☐ .

└─ 💡 You're を2語で表そう。

ヒント

am
not
student
hungry
are

3 右の日本語に合う英文を線でつなぎましょう。

①

You are sleepy. •

• あなたはねむくないです。

②

I'm not sleepy. •

• あなたはねむいです。

③

You aren't sleepy. •

• 私はねむくないです。

14

**英語の
ちしき** **短くした言い方**
you are not は短くして、you're not [ユア ナ(ー)ット] や you aren't [ユー アーント] と表せます。

7 相手の気持ちや様子をたずねる

月	日	時	分〜	時	分

名前

あなたは〜ですか。 5級

♪ Let's Chant!

Are you happy?　あなたはうれしいですか。
[アー ユー ハピィ]　　　　　　　　　　　　気持ち

— Yes, I am.　はい、そうです。
[イェス アイ アム]

— No, I'm not.　いいえ、ちがいます。
[ノウ アイム ナ(ー)ット]

📌 文のポイント

たずね方 Are you ☐☐☐☐☐?　「あなたは☐☐☐☐☐ですか。」
答え方 Yes, I am. 「はい、そうです。」 / No, I'm not. 「いいえ、ちがいます。」

▶「あなたは〜ですか」と言うときは、Are you 〜？の形を使います。

▶はいと言うときは Yes, I am. で、いいえと言うときは No, I'm not. で答えます。

▶Are you 〜？のようにたずねる文は、ふつう文の終わりを上げ調子で言います。

1 次の文をなぞりましょう。指示がある文は自分で1回書き写しましょう。

[アー ユー ハピィ]　　　　　　　　　　　　　　　あなたはうれしいですか。

Are you happy?

💡 クエスチョンマーク（？）を忘れないようにね。

(!) 上の文を書き写しましょう。

[イェス アイ アム]　　　　　　　　　　　　　　　はい、そうです。

— Yes, I am.

💡 答えるときは you「あなたを」を I「私は」にしよう。

[ノウ アイム ナ(ー)ット]　　　　　　　　　　　　いいえ、ちがいます。

— No, I'm not.

15

2 □に当てはまる単語をヒントから選び、日本語に合う文を書きましょう。ヒントの単語は何度使ってもいいです。

① あなたはつかれていますか。

Are _____ tired?

💡 are を前に出そう。a は大文字にしよう。

② はい、そうです。（①に答えて）

_____ , I am.

💡 答えるときは Are を am にしよう。

③ あなたは花屋ですか。

_____ _____ a florist?

💡 「花」は flower だよ。

④ いいえ、ちがいます。（③に答えて）

_____ , I'm _____ .

ヒント

Yes
Are
you
not
No

3 絵と答えに合う質問を線でつなぎましょう。

① Are you a singer? •

② Are you from China? •

③ Are you hungry? •

• Yes, I am.

• No, I'm not. I'm from Canada.

• No, I'm not. I'm a pianist.

表現を使おう | **相手の名前のたずね方**
What's your name? [（フ）ワッツ ユア ネイム] て相手の名前をたずねることができます。

8 まとめのテスト1

名前

点

1 それぞれ①〜③の音声の内容を表す絵を**ア**〜**ウ**から選んで（　）に書きましょう。音声は2回読まれます。

(各8点)

① （　　　　　）　　　　② （　　　　　）　　　　③ （　　　　　）

ア　　　　　　　　　　　**イ**　　　　　　　　　　　**ウ**

サトル　　　　　　　　　　ケン

2 音声を聞いて、ヒントの中から□に読まれたことばを選んで書きましょう。音声は2回読まれます。

(各6点)

① Hello, I ⬚ Lisa.

② I'm not a ⬚.

③ ⬚ you sleepy?

④ — No, I'm ⬚.

ヒント

am
not
Are
student

17

3 日本語に合う英文になるように、①・②は□に当てはまる単語を書き、③・④は [ ] の中の単語を並べかえて文を書きましょう。

(各8点)

① 私はハルカです。

I ☐ Haruka.

② 私は医者ではありません。

☐ ☐ a doctor.

③ あなたは日本出身ですか。

[you / from / are / ? / Japan]

④ はい、そうです。(③に答えて)

[am / yes / . / , / I]

4 絵の David (デービッド) になったつもりで、質問に答えましょう。

(各10点)

デービッド (David)
サッカー選手
オーストラリア出身

① Are you a soccer player?

② Are you from America?

9 好きなものを伝える

私は〜が好きです。 [5級]

I like soccer. ぼくはサッカーが好きです。
[アイ ライク サ(ー)カァ] スポーツ

♪ Let's Chant!

I like cats. 私はねこが好きです。
[アイ ライク キャッツ] 動物

I like you. ぼくはあなたが好きです。
[アイ ライク ユー] 人

📌 文のポイント

I like [＿＿＿]. 「私は[＿＿＿]が好きです。」

▶「私は〜が好きです」と言うときは、I like 〜 . の形を使います。like は「〜が好きである」という意味です。

▶〜には人、もの、動物、スポーツ、教科、季節などを表すことばを入れます。

▶英語ではふつうこのように、「だれが」→「どうする」→「何を」の順に語を並べます。

1 次の文をなぞりましょう。指示がある文は自分で1回書き写しましょう。

[アイ ライク サ(ー)カァ] ぼくはサッカーが好きです。

I like soccer.

└─ 💡 スポーツには a がつかないよ。

(!) 上の文を書き写しましょう。

[アイ ライク キャッツ] 私はねこが好きです。

I like cats.

└─ 💡 a や an がつく語は、cats のように s がついた形になるよ。

[アイ ライク ユー] ぼくはあなたが好きです。

I like you.

② □に当てはまる単語をヒントから選び、日本語に合う文を書きましょう。
ヒントの単語は何度使ってもいいです。

① 私はこの本が好きです。

I 　　　　this book.

💡 like を使うときは、I'm（= I am）は使わないよ。

② ぼくはバスケットボールが好きです。

like basketball.

💡 スポーツには a をつけないよ。

③ 私は夏が好きです。

I

💡 季節には a をつけないよ。

④ ぼくはオレンジが好きです。

💡「（数えられる食べ物）が好き」と
言うときはふつう s をつけるよ。

<table>
<tr><th>ヒント</th></tr>
<tr><td>like</td></tr>
<tr><td>oranges</td></tr>
<tr><td>I</td></tr>
<tr><td>summer</td></tr>
</table>

③ 絵の人に合うふき出しになるように□から3語ずつ選んで書きましょう。
同じ語を何度使ってもいいです。ピリオド(.)もつけましょう。

①

②

| birds | like | I | dogs |

私は〜が好きです。
□ hamburger（ハンバーガー）　□ juice（ジュース）　□ badminton（バドミントン）　□ table tennis（たっ球）

私は〜が欲しいです。／私は〜をします。 〔5級〕

♪ Let's Chant!

I want **a dog.** 私は犬が欲しいです。
［**アイ ワ**(ー)ント ア **ド**(ー)グ］ 動物

I play **dodge ball.** ぼくはドッジボールをします。
［**アイ プレイ ダ**(ー)ッヂ ボール］ スポーツ

I play **the flute.** 私はフルートをふきます。
［**アイ プレイ ザ フ**ルート］ 楽器

📌 文のポイント

I want ☐. 「私は☐が欲しいです。」
I play ☐. 「私は☐をします。」

▶ 「私は〜が欲しいです」と言うときは、I want 〜 . の形を使います。

▶ 「私は（スポーツなど）をします、（楽器）をひきます」と言うときは、I play 〜 . の形を使います。楽器の前には the を置きます。

1 次の文をなぞりましょう。指示がある文は自分で1回書き写しましょう。

［**アイ ワ**(ー)ント ア **ド**(ー)グ］ 私は犬が欲しいです。

I want a dog.

💡 a を忘れないように！

(!) 上の文を書き写しましょう。

［**アイ プレイ ダ**(ー)ッヂ ボール］ ぼくはドッジボールをします。

I play dodge ball.

［**アイ プレイ ザ フ**ルート］ 私はフルートをふきます。

I play the flute.

💡 楽器の前には the をつけるよ。

❷ □に当てはまる単語をヒントから選び、日本語に合う文を書きましょう。
ヒントの単語は何度使ってもいいです。

① ぼくはバナナが欲しいです。

I _____ a banana.

└─→ 真ん中の［ナ］を強く読むよ。

② 私はりんごが欲しいです。

_____ _____ an _____ .

└─ 💡 ［ア］て始まる語の前には an をつけるよ。

③ ぼくはバレーボールをします。

I _____ volleyball.

└─ 💡 スポーツをすると言うときは the をつけないよ。

④ 私はピアノをひきます。

_____ _____ the _____ .

└─ 💡 楽器の前には the をつけるよ。

ヒント
I
piano
want
play
apple

❸ 右の絵に合う文を線でつなぎましょう。

①

I play tennis.　・　　　・

②

I play the guitar.　・　　　・

③

I want a pencil.　・　　　・

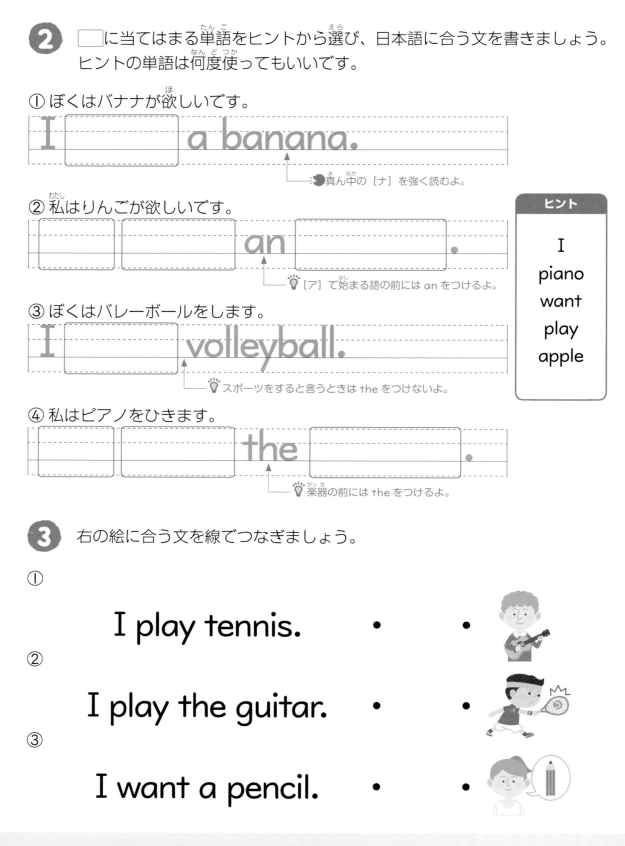

表現を使おう 欲しいもののていねいな言い方
I would like 〜 .［アイ ウッド ライク 〜］でていねいに「私は〜が欲しい」と伝える表現になります。

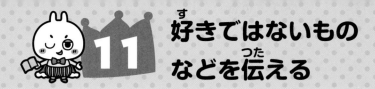

11 好きではないもの<ruby>好<rt>す</rt></ruby>きではないものなどを<ruby>伝<rt>つた</rt></ruby>える

<ruby>私<rt>わたし</rt></ruby>は〜が好きではありません。 [5級]

I do not like birds.　ぼくは鳥が好きではありません。
[アイ ドゥ ナ(ー)ット ライク バーズ]

I don't want a ball.　私はボールが欲しくありません。
[アイ ドゥント ワ(ー)ント ア ボール]

I don't play the guitar.　ぼくはギターをひきません。
[アイ ドゥント プレイ ザ ギター]

♪ Let's Chant!

📌 文のポイント

I don't like ⬚⬚⬚⬚.　「私は⬚⬚⬚⬚が好きではありません。」

▶「私は〜が好きではありません」と言うときは、I don't like 〜 . の形を<ruby>使<rt>つか</rt></ruby>います。

▶「私は〜が欲しくありません」なら I don't want 〜 .、「私は〜をしません」なら
　I don't play 〜 . を使います。

▶don't は do not を<ruby>短<rt>みじか</rt></ruby>くした言い方です。

---

1 <ruby>次<rt>つぎ</rt></ruby>の文をなぞりましょう。<ruby>指示<rt>しじ</rt></ruby>がある文は自分で1回<ruby>書<rt>か</rt></ruby>き<ruby>写<rt>うつ</rt></ruby>しましょう。

[アイ ドゥ ナ(ー)ット ライク バーズ]　　　　　ぼくは鳥が好きではありません。

I do not like birds.

💡 do not は like などの前に入れるよ。

(!) 上の文を書き写しましょう。

[アイ ドゥント ワ(ー)ント ア ボール]　　　　　私はボールが欲しくありません。

I don't want a ball.

💡 don't も do not と同じ<ruby>場所<rt>ばしょ</rt></ruby>だよ。

[アイ ドゥント プレイ ザ ギター]　　　　　ぼくはギターをひきません。

I don't play the guitar.

2 ☐に当てはまる単語たんごをヒントから選えらび、日本語に合う文を書かきましょう。
ヒントの単語なんどつかは何度使ってもいいです。

① 私わたしは自転車じてんしゃが欲ほしくありません。

I do ☐ want a bike.

⮕ 💡 do を使うときは、I'm（= I am）は使わないよ。

② ぼくは冬すが好きではありません。

I ☐ ☐ winter.

⮕ 💡 do not を短みじかくした言い方が入るよ。

③ 私はサッカーをしません。

☐ ☐ ☐ play soccer.

⮕ 💡 ☐の数かずに注意ちゅういしよう。

④ ぼくは卵たまごが好きではありません。

I ☐ like ☐ .

⮕ 💡 ☐が足りないときは、短くした言い方を使おう。

ヒント

do
I
don't
eggs
like
not

3 右の日本語に合う英文えいぶんを線でつなぎましょう。

①

I don't play tennis.•　　　• 私はへびが好きでは
ありません。

②

I don't want a pen.•　　　• 私はテニスをしません。

③

I do not like snakes.•　　　• 私はペンが欲しく
ありません。

英語の ちしき **アポストロフィ（'）を使って短くする**
I am は I'm、you are は you're、are not は aren't、do not は don't と短く言うことができます。

14 まとめのテスト2

1 それぞれ①〜③の音声の内容を表す絵を**ア〜ウ**から選んで（　）に書きましょう。音声は2回読まれます。

(各8点)

① （　　　　）　　②（　　　　）　　③（　　　　）

　ア　　　　　　　　イ　　　　　　　　ウ

2 音声を聞いて、絵の中の①〜③の人に合うものを**ア〜ウ**から選んで（　）に書きましょう。音声は2回読まれます。

(各8点)

②（　　　　）

①（　　　　）　　　　　　　　　　③（　　　　）

3 日本語に合う英文になるように、①・②は□に当てはまる単語を書き、
③・④は [ ] の中の単語を並べかえて文を書きましょう。

(各8点)

① 私はピアノをひきます。

I [___] the piano.

② ぼくは納豆が好きではありません。

I [___] [___] natto.

③ あなたは自転車が欲しいですか。

[want / bike / do / ? / a / you]

④ あなたはどんなスポーツが好きですか。

[do / like / sport / you / ? / what]

4 絵の Ellen（エレン）になったつもりで、質問に答えましょう。

(各10点)

① Do you like music?

② What do you play?

エレン（ Ellen ）
音楽が好き。
ギターはひくが、
ピアノはひかない。

私[あなた]は〜します。／私[あなた]は〜しません。 〔5級〕

I have **a book.**　私は本を持っています。

［**アイ** ハヴ ア **ブック**］

You study **math.**　あなたは算数を勉強します。

［**ユー** ス**タ**ディ **マス**］

I don't go **to the hospital.**　私は病院に行きません。

［**アイ** ドゥント **ゴウ トゥ**ー ザ **ハ**(一)スピトゥル］

♪ Let's Chant!

📌 文のポイント

I[You] _____.　「私［あなた］は_____します。」

I[You] don't _____.　「私［あなた］は_____しません。」

▶ 英語ではふつう「だれが」→「どうする」→「何を」の順にことばを並べます。

▶ 動作を表すことばには、study（〜を勉強する）、eat（〜を食べる）、practice（〜を練習する）、cook（料理する）、go（行く）、walk（歩く）、run（走る）などがあります。

1　次の文をなぞりましょう。指示がある文は自分で1回書き写しましょう。

［**アイ** ハヴ ア **ブック**］　私は本を持っています。

I have a book.

(!) 上の文を書き写しましょう。

［**ユー** ス**タ**ディ **マス**］　あなたは算数を勉強します。

You study math.

✏️ mas にしないように注意しよう。

［**アイ** ドゥント **ゴウ トゥ**ー ザ **ハ**(一)スピトゥル］　私は病院に行きません。

I don't go to the hospital.

💡 go to 〜で「〜に行く」という意味だよ。

②　□に当てはまる単語をヒントから選び、日本語に合う文を書きましょう。

① 私はバナナを食べます。

I [　　　] a banana.

② あなたは水を飲みます。

[　　　] drink water.

↑ 💡 eat と drink はいっしょに覚えよう。

③ ぼくはバスケットボールを練習します。

[　　　] [　　　] basketball.

④ あなたは料理しません。

You [　　　] [　　　] .

↑ 💡「〜しません」のことばの順番に注意しよう。

ヒント

I
cook
eat
practice
You
don't

③　右の絵に合う文を線でつなぎましょう。

①

I swim. •　•

②

You run. •　•

③

I walk. •　•

 私【あなた】は〜します。

□ talk(話をする)　□ visit(〜を訪問する)　□ stay(たい在する)　□ teach(〜を教える)　□ watch(〜を見る)

16 相手のすることをたずねる

あいて

月　日　　時　分～　時　分

名前

あなたは～しますか。 5級

Do you ski?
[ドゥ ユー スキー]　あなたはスキーをしますか。

♪ Let's Chant!

— Yes, I do.　はい、します。
[イェス アイ ドゥ]

— No, I don't.　いいえ、しません。
[ノゥ アイ ドゥント]

文のポイント

たずね方 Do you ⬜？　「あなたは⬜しますか。」
答え方 Yes, I do. 「はい、します。」 / No, I don't. 「いいえ、しません。」

▶「あなたは～しますか」と言うときは、Do you ～ ? の形を使います。

▶はいと言うときは Yes, I do. で、いいえと言うときは No, I don't. で答えます。

---

1 次の文をなぞりましょう。指示がある文は自分で1回書き写しましょう。

[ドゥ ユー スキー]　　　　　　　　　　　　　　　　あなたはスキーをしますか。

Do you ski?

💡 Do は文の先頭に置くよ。

(!) 上の文を書き写しましょう。

[イェス アイ ドゥ]　　　　　　　　　　　　　　　　　　はい、します。

Yes, I do.

💡 Yes[No] のあとにはコンマ（,）がいるよ。

[ノゥ アイ ドゥント]　　　　　　　　　　　　　　　　いいえ、しません。

No, I don't.

2 □に当てはまる単語をヒントから選び、日本語に合う文を書きましょう。
ヒントの単語は何度使ってもいいです。

① あなたは日本語を勉強しますか。

[____] you study Japanese?

💡 順番に注意。

② はい、します。（①に答えて）

[____] , I do.

💡 Yes のときは do だよ。

③ あなたは英語を教えますか。

[____] [____] [____] English?

ヒント

teach
Yes
Do
don't
you

④ いいえ、しません。（③に答えて）

No, I [____] .

3 右の絵と答えに合う質問を線でつなぎましょう。

①
Do you
watch TV? •   • Yes, I do.

②
Do you speak
English? •   • No, I don't.

③
Do you
teach math? •   • Yes, I do.

英語のちしき **町で外国人に会ったら、あなたならどうする？**
Do you speak English? と聞かれたら、Yes, I do. と答えられるように、英語をしっかり勉強しましょう！

17 したいことを伝える

私は〜したいです。

I want to **see a movie.** 　私は映画を見たいです。
[**アイ** ワ(ー)ント **トゥー スィ**ー ア **ムー**ヴィ]

I want to **go to Italy.** 　私はイタリアに行きたいです。
[**アイ** ワ(ー)ント **トゥー ゴウ トゥー イ**タリィ] 　行きたい場所

I want to **be a pilot.** 　ぼくはパイロットになりたいです。
[**アイ** ワ(ー)ント **トゥー ビー** ア **パ**イロット] 　なりたい職業

♪ Let's Chant!

📌 文のポイント

I want to ☐☐☐☐☐. 　「私は☐☐☐☐☐したいです。」

▶「私は〜したいです」と言うときは、I want to 〜 . の形を使います。

▶want to go to 〜で行きたい場所や、want to be 〜でなりたい職業を言うことができます。

▶自分のしたくないことは I don't want to 〜 . の形を、相手がしたいかどうかたずねるときは Do you want to 〜 ? の形を使います。

① 次の文をなぞりましょう。指示がある文は自分で1回書き写しましょう。

[**アイ** ワ(ー)ント **トゥー スィ**ー ア **ムー**ヴィ] 　私は映画を見たいです。

I want to see a movie.

▶この mo は [**ムー**] と読もう。

⚠ 上の文を書き写しましょう。

[**アイ** ワ(ー)ント **トゥー ゴウ トゥー イ**タリィ] 　私はイタリアに行きたいです。

I want to go to Italy.

[**アイ** ワ(ー)ント **トゥー ビー** ア **パ**イロット] 　ぼくはパイロットになりたいです。

I want to be a pilot.

2 □に当てはまる単語をヒントから選び、日本語に合う文を書きましょう。ヒントの単語は何度使ってもいいです。

① 私はテレビを見たいです。

I ☐ to watch TV.

💡 TV は television を短くした形だよ。

② 私はテニスをしたいです。

I ☐ ☐ play tennis.

③ 私は東京に行きたいです。

I want to ☐ ☐ Tokyo.

💡 「～に行きたい」という言い方を覚えよう。

④ 私はじゅう医になりたいです。

I ☐ ☐ ☐ a vet.

ヒント
to
want
go
be

3 右の日本語に合う英文を線でつなぎましょう。

①

I ski. •   • 私はスキーをしたいです。

②

I want to ski. •   • 私はスキーをします。

③

Do you want to ski? •   • あなたはスキーを
                             したいですか。

 よく使う英単語　私は〜したいです。
□ eat（〜を食べる）　□ drink（〜を飲む）　□ play（〜をする）　□ visit（〜を訪問する）

18 時を表すことば

～時(…分)に／～曜日に／～月に 5級

I get up at six o'clock. ぼくは6時に起きます。
[アイ ゲット アップ アット スィックス オクラ(ー)ック]　時刻

I sing on Friday. 私は金曜日に歌います。
[アイ スィング ア(ー)ン フライデイ]　曜日

You swim in August. あなたは8月に泳ぎます。
[ユー スウィム イン オーガスト]　月

♪ Let's Chant!

6:00

📌 文のポイント

at 🔲　「🔲　時に」 ／ on 🔲　「🔲　曜日に」 ／ in 🔲　「🔲　月に」

▶文の終わりなどに at ～、in ～、on ～をつけると時の情報を追加できます。

▶時刻には at、日・曜日には on、月・季節・年には in を使います。

▶「～の前に」は before ～、「～のあとに」は after ～、「～の間」は for ～と言います。

1 次の文をなぞりましょう。指示がある文は自分で1回書き写しましょう。

[アイ ゲット アップ アット スィックス オクラ(ー)ック]　　　　　　　ぼくは6時に起きます。

6:00

I get up at six o'clock.

💡「～時ちょうど」という意味だよ。

! 上の文を書き写しましょう。

[アイ スィング ア(ー)ン フライデイ]　　　　　　　私は金曜日に歌います。

I sing on Friday.

💡「～(曜日)に」

[ユー スウィム イン オーガスト]　　　　　　　あなたは8月に泳ぎます。

You swim in August.

💡「～(月)に」

37

2 ☐に当てはまる単語をヒントから選び、日本語に合う文を書きましょう。ヒントの単語は何度使ってもいいです。

① 私は水曜日に走ります。

I run ☐ Wednesday.

↑💡 曜日の前に入ることばを考えよう。

② ぼくは 10 時にねます。

I go to bed ☐ ☐ .

💡 o'clock は省略できるよ。↑

ヒント

in
ten
twenty
on
at

③ ぼくは冬にスキーをします。

I ski ☐ winter.

↑💡 季節の前には月の前と同じことばを入れるよ。

④ あなたは 7 時 20 分に夕食を食べます。

You have dinner ☐ seven ☐ .

↑💡 have は「〜を食べる」という意味もあるよ。

3 ┈に当てはまる単語を書きましょう。

①

I get up ☐ five fifty.

②

I play the guitar ☐ Tuesday.

③

You go to the mountain ☐ fall.

表現を
使おう｜**時を表すことば**
before breakfast(朝食前に)　after dinner(夕食後に)　at night(夜に)　after school(放課後に)

19 いろいろな質問のしかた②
【時刻をたずねる】

何時ですか。／あなたは何時に〜しますか。 5級

♪ Let's Chant!

What time is it?　　何時ですか。
[(フ)ワット タイム イズ イット]

What time do you eat lunch?
[(フ)ワット タイム ドゥ ユー イート ランチ]　あなたは何時に昼食を食べますか。

— At twelve.　　12時です。
[アット トゥウェルヴ]

📌 文のポイント

| What time is it? | 「何時ですか。」 |
| What time do you ⬜? | 「あなたは何時に⬜しますか。」 |

● 現在の時刻をたずねるときは、What time is it? と言います。It's 〜 . と答えます。

● 「あなたは何時に〜しますか」と言うときは、What time do you 〜? の形を使います。

● 答えるときは、ただ At 〜 .「〜時です」と言うこともできます。

1 次の文をなぞりましょう。

[(フ)ワット タイム イズ イット]　　　　　　　　　　　　　　何時ですか。

What time is it?

[イッツ フォー サーティ]　　　　　　　　　　　　　　4時30分です。

— It's four thirty.

💡 What time is it? には It's 〜 . で答えるよ。

[(フ)ワット タイム ドゥ ユー イート ランチ]　　　　　あなたは何時に昼食を食べますか。

What time do you eat lunch?

💡 What time のあとでも、do you 〜? の順で表すよ。

[アット トゥウェルヴ]　　　　　　　　　　　　　　12時です。

— At twelve.

2 □に当てはまる単語をヒントから選び、日本語に合う文を書きましょう。
ヒントの単語は何度使ってもいいです。

① 何時ですか。

		is it?

② 7時です。（①に答えて）

	seven.

ヒント

time
at
What
six
It's

③ あなたは何時に起きますか。

		do you get up?

💡「何時に？」

④ 私は6時に起きます。（③に答えて）

I get up | | | .

💡 答えの文では、I get up を省略してもいいよ。

3 絵の男の子になったつもりで質問に答えましょう。

① What time do you go to school?

② What time do you go to bed?

表現を使おう **日付をたずねる言い方**
「今日は何日ですか」とたずねるときは、What is the date today? と言います。

20 まとめのテスト3

1 それぞれ①〜③の音声の内容を表す絵を**ア〜ウ**から選んで（　）に書きましょう。音声は2回読まれます。

(各8点)

① （　　　　　）　　　　② （　　　　　）　　　　③ （　　　　　）

ア

イ

ウ

2 音声を聞いて、①〜③の絵の人にかけることばとして合うものを**ア〜ウ**から選んで（　）に書きましょう。音声は2回読まれます。

(各8点)

① （　　　　　）　　　　② （　　　　　）　　　　③ （　　　　　）

3 日本語に合う英文になるように、①・②は□に当てはまる単語を書き、
③・④は [ ] の中の単語を並べかえて文を書きましょう。

(各8点)

① 私は5月に奈良を訪れます。

I visit Nara ⬚ ⬚ .

5月

② ぼくは遊びたいです。

I ⬚ ⬚ play.

③ ぼくは夕食を料理しません。

[cook / . / don't / dinner / I]

④ あなたは何時に昼食を食べますか。

[lunch / you / what / do / eat / ? / time]

?

4 □に当てはまる単語を書きましょう。

(各10点)

①

⬚ you help
your mother?

⬚ , I do.

②

⬚ ⬚
do you get up?

⬚ seven
o'clock.

21 身の回りのものの ことを伝える

月 日	時 分〜 時 分

名前

これは[あれは]〜です。／それは〜です。 5級

This is my book. これは私の本です。
[ズィス イズ マイ ブック]

That is a comic book. あれはまん画本です。
[ザット イズ ア カ(ー)ミック ブック]

It is mine. それは私のものです。
[イット イズ マイン]

 ♪ Let's Chant!

📌 文のポイント

This[That] is ⬜⬜⬜. 「これは[あれは] ⬜⬜⬜です。」
It is ⬜⬜⬜. 「それは⬜⬜⬜です。」

▶近くのものを指すときは This is 〜 . で、はなれたものを指すときは That is 〜 . の
形を使います。前に出てきたものを指すときは、It is 〜 . の形を使います。

▶it is は短くして it's と言うこともあります。

---

1 次の文をなぞりましょう。指示がある文は自分で1回書き写しましょう。

[ズィス イズ マイ ブック] これは私の本です。

✏ buk にしないように注意。

(!) 上の文を書き写しましょう。

[ザット イズ ア カ(ー)ミック ブック] あれはまん画本です。

That is a comic book.

✏「まん画本」は2語になることに注意。

[イット イズ マイン] それは私のものです。

It is mine.

マンガ

43

2 □に当てはまる単語をヒントから選び、日本語に合う文を書きましょう。
ヒントの単語は何度使ってもいいです。

① これは私のねこです。

　　　　　　　 is my cat.

💡 近いところにあるものを表すことばだよ。

② それはとてもかわいいです。（①に続けて）

　　　　　　　　　　　　 very cute.

💡 very は「とても」を表すことばだよ。

ヒント

It
It's
This
is
dog

③ あれは犬です。

That 　　　　　 a 　　　　　 .

💡 that は、はなれたところにあるものを指すよ。

④ それはとても小さいです。（③に続けて）

　　　　　　 very small.

💡 it is の短くした形を入れるよ。

3 右の絵と日本語の意味に合う文になるように、□に当てはまる単語を書きましょう。

① あれはバナナです。

　　　　　 is a banana.

② これはりんごです。

　　　　　 is an apple.

③ （「あれは何ですか。」と聞かれて）それはメロンです。

　　　　　 a melon.

表現を
使おう
2つ以上のものの言い方
英語では2つ以上の近くのものは these[ズィーズ]、はなれたものは those[ゾウズ] と言います。

22 身の回りのものの「〜ではない」を伝える

これは[あれは]〜ではありません。／それは〜ではありません。　5級

 Let's Chant!

This is not a wolf.
[ズィス イズ ナ(ー)ット ア ウルフ]
これはおおかみではありません。

That is not a cow.
[ザット イズ ナ(ー)ット ア カウ]
あれは乳牛ではありません。

It's not a monkey.
[イッツ ナ(ー)ット ア マンキィ]
それはさるではありません。

📌 文のポイント

This[That] is not _____.　「これは[あれは]_____ではありません。」
It's not _____.　「それは_____ではありません。」

▶「これは[あれは]〜ではありません」と言うときは、not を is のあとに置いて、This[That] is not 〜 . の形を使います。前に出てきたものを指して「それは〜ではありません」と言うときは、It is[It's] not 〜 . の形を使います。

① 次の文をなぞりましょう。指示がある文は自分で1回書き写しましょう。

[ズィス イズ ナ(ー)ット ア ウルフ]　これはおおかみではありません。

<u>This is not a wolf.</u>

💡is not は isn't と短く言うことができるよ。

⚠ 上の文を書き写しましょう。

[ザット イズ ナ(ー)ット ア カウ]　あれは乳牛ではありません。

<u>That is not a cow.</u>

✏ cau にしないように注意。

[イッツ ナ(ー)ット ア マンキィ]　（「あれはさるですか。」と聞かれて）それはさるではありません。

<u>It's not a monkey.</u>

45

② □に当てはまる単語をヒントから選び、日本語に合う文を書きましょう。
ヒントの単語は何度使ってもいいです。

① これはペンではありません。

This is ⬚ a pen.

② あれは病院ではありません。

⬚ is ⬚ a hospital.

↳→●強めに読もう。

ヒント

is
That
It's
not

③ (「これはテーブルですか。」とたずねられて) それはテーブルではありません。

It ⬚ ⬚ a table.

→●[テーブル] でなく [テイブル] と読もう。

④ (「あれは机ですか。」とたずねられて) それは机ではありません。

⬚ ⬚ a desk.

③ 右の絵に合う文を線でつなぎましょう。

①
That is not a zoo.
It's a park.
•

②
This is not a car.
It's a bike.
•

③
This is not a T-shirt.
It's a sweater.
•

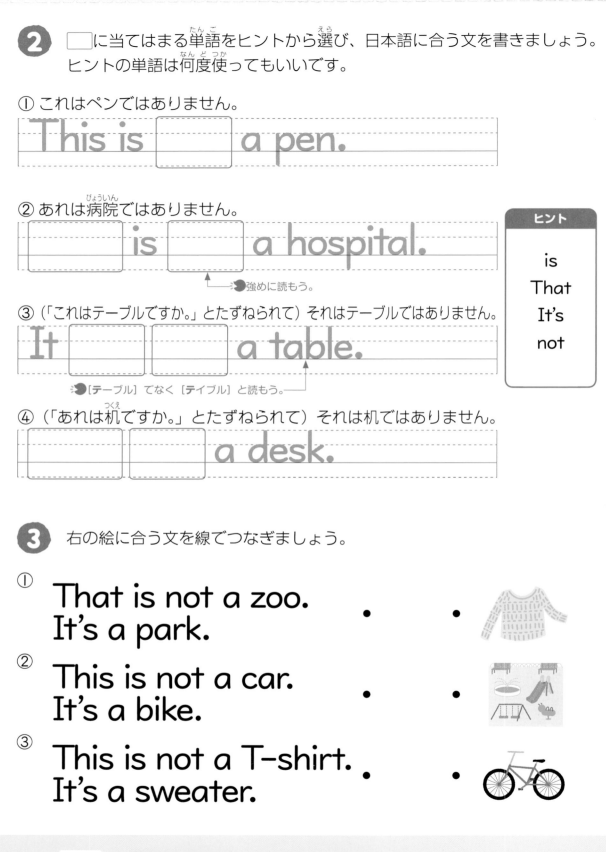

表現を使おう 「(名前)の〜」の言い方
「(名前)の〜」と言うときは、名前に's をつけます。Miki's book(ミキの本)

23 身の回りのものの ことをたずねる (1)

月 日	時 分～ 時 分
名前	

これは[あれは]〜ですか。 5級

Is this a ball? これはボールですか。
[イズ ズィス ア ボール]

♪ Let's Chant!

— Yes, it is. はい、そうです。
[イェス イット イズ]

— No, it's not. いいえ、ちがいます。
[ノウ イッツ ナ(ー)ット]

📌 文のポイント

たずね方 Is this[that] ☐☐☐☐? 「これは[あれは]☐☐☐☐ですか。」

答え方 Yes, it is. 「はい、そうです。」 / No, it's not. 「いいえ、ちがいます。」

▶「これは[あれは]〜ですか」と言うときは、Is this[that] 〜? の形を使います。

▶「それは〜ですか」と言うときは、Is it 〜? の形を使います。

▶はいと言うときは Yes, it is. で、いいえと言うときは No, it's not. で答えます。

① 次の文をなぞりましょう。指示がある文は自分で1回書き写しましょう。

[イズ ズィス ア ボール] これはボールですか。

Is this a ball?

↑ 💡 クエスチョンマーク (?) を忘れないようにね。

! 上の文を書き写しましょう。

[イェス イット イズ] はい、そうです。

— Yes, it is.

↑ 💡 Yes[No] のあとにはコンマ (,) がいるよ。

[ノウ イッツ ナ(ー)ット] いいえ、ちがいます。

— No, it's not.

2 □に当てはまる単語をヒントから選び、日本語に合う文を書きましょう。
ヒントの単語は何度使ってもいいです。

① これは机ですか。

☐ this a desk?

② あれは博物館ですか。

Is ☐ a museum?

→ 真ん中の〔ズィ〕を強く読むよ。

③ それはえん筆ですか。

☐ it a ☐ ?

→ 💡「えん筆」という意味のことばだよ。

④ はい、そうです。（③に答えて）

☐ , it is.

ヒント

Is
Yes
that
pencil

3 右の絵に合う対話を線でつなぎましょう。

① Is this a poster?
　− No, it's not. It's a calendar.

② Is that a supermarket?
　− Yes, it is.

③ Is that a camera?
　− No, it's not. It's a radio.

48 | 表現を使おう | 「いいえ、ちがいます」の言い方
No, it's not. のほかに、No, it isn't.〔ノウ イット イズント〕とも言います。

〜はどこにありますか。／あなたはどこで[に]〜しますか。　5級

Where is my hat?　私^{わたし}のぼうしはどこにありますか。
[(フ)**ウェア イズ マイ ハット**]

Where do you play soccer?
[(フ)**ウェア ドゥ ユー** プ**レイ サ**(ー)カァ]　あなたはどこでサッカーをしますか。

ー I play soccer in the park.
[**アイ** プ**レイ サ**(ー)カァ **イン ザ パーク**]　私は公園でサッカーをします。

📌 文のポイント

Where is ⬚?	「⬚はどこにありますか。」
Where do you ⬚?	「あなたはどこで[に] ⬚しますか。」

▶「〜はどこにありますか」と言うときは、Where is 〜 ? の形^{かたち}を使^{つか}います。

▶「あなたはどこで[に]〜しますか」と言うときは、Where do you 〜 ? の形を使います。

---

1 次^{つぎ}の文をなぞりましょう。

[(フ)**ウェア イズ マイ ハット**]　　　　　私のぼうしはどこにありますか。

Where is my hat?

[**イッツ ア**(ー)ン ザ **ベッド**]　　　　　それはベッドの上にあります。

ー It's on the bed.

💡 前に言われたものは it で表^{あらわ}すよ。

[(フ)**ウェア ドゥ ユー** プ**レイ サ**(ー)カァ]　　　あなたはどこでサッカーをしますか。

Where do you play soccer?

💡 Where のあとは、ふつうのたずねる文と同じように、do you 〜 ? の順^{じゅん}だよ。

[**アイ** プ**レイ サ**(ー)カァ **イン ザ パーク**]　　私は公園でサッカーをします。

ー I play soccer in the park.

2 ◻に当てはまる単語をヒントから選び、日本語に合う文を書きましょう。
ヒントの単語は何度使ってもいいです。

① あなたのボールはどこにありますか。

[　　　　　] is your ball?

💡「どこに？」

② それはテーブルの下にあります。（①に答えて）

It's [　　　] the [　　　　　].

💡 答えの文では、It's を省略してもいいよ。

③ あなたはどこで泳ぎますか。

[　　　　　] [　　　] you swim?

💡「どこで？」

④ 私は海で泳ぎます。（③に答えて）

I swim [　　　] the [　　　　].

ヒント

do
table
in
Where
under
sea

3 絵に合う対話になるように線でつなぎましょう。

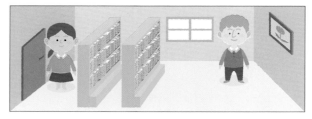

①
Where is the girl? • 　• On the wall.
②
Where is the boy? • 　• Near the door.
③
Where is the picture? • 　• By the window.

表現を
使おう
場所を表す語句
over there(あそこに、向こうに)　around the world(世界中に)

1 それぞれ①〜③の音声の内容を表す絵を**ア**〜**ウ**から選んで（　）に書きましょう。音声は2回読まれます。

(各8点)

①（　　　　　）　　②（　　　　　）　　③（　　　　　）

ア　　　　　　　　　**イ**　　　　　　　　　**ウ**

2 音声を聞いて、絵の中の①〜④に合うものを**ア**〜**エ**から選んで（　）に書きましょう。音声は2回読まれます。

(各6点)

3 日本語に合う英文になるように、①・②は□に当てはまる単語を書き、③・④は [ ] の中の単語を並べかえて文を書きましょう。

(各8点)

① これは動物ですか。

		an animal?

② あれは何ですか。

		that?

③ これは魚ではありません。

[not / . / this / fish / is / a]

④ あなたはどこに住んでいますか。

[do / ? / live / where / you]

4 絵の男の子の質問に対する女の子の答えになるように、□に当てはまる単語を書きましょう。

(各10点)

① Is that your racket?

No, [   ] not.

② Where is your racket?

[   ] in my room.

28 かれ／かの女のことを伝える

かれ[かの女]は〜です。 5級

He is a teacher.
[ヒー イズ ア ティーチャ]

（「私にはおじがいます。」と言って）
かれは先生です。
職業

She is my mother.
[シー イズ マイ マザァ]

（「家の前に女の人がいます。」と言って）
かの女は私の母です。
関係

He is Tom.
[ヒー イズ タ(ー)ム]

（「カナダから友だちが来ています。」と言って）
かれはトムです。
名前

♪ Let's Chant!

📌 文のポイント

| He is ☐☐☐☐. | 「かれは☐☐☐☐です。」 |
| She is ☐☐☐☐. | 「かの女は☐☐☐☐です。」 |

▶前に話した人について言うとき、男の人なら He is 〜 .「かれは〜です」の形を、女の人なら She is 〜 .「かの女は〜です」の形を使います。

▶〜には名前、年れい、出身、職業、気持ち、様子、関係などを表すことばを入れます。

1 次の文をなぞりましょう。指示がある文は自分で1回書き写しましょう。

[ヒー イズ ア ティーチャ]　　　　　　　　　　　　　　かれは先生です。

He is a teacher.

└──→ a は小さく言おう。

！ 上の文を書き写しましょう。

[シー イズ マイ マザァ]　　　　　　　　　　　　　　かの女は私の母です。

She is my mother.

└──→ [マーザァ] とのばさないようにしよう。

[ヒー イズ タ(ー)ム]　　　　　　　　　　　　　　かれはトムです。

He is Tom.

トム

❷ □に当てはまる単語をヒントから選び、日本語に合う文を書きましょう。
ヒントの単語は何度使ってもいいです。

① かれはパイロットです。

He 　　　 a pilot.

→ 最初の［パ］を強く読むよ。

② かの女は医者です。

　　　 is a doctor.

→ 💡 a を忘れないように！

③ かれは私の父です。

　　　　　　 my father.

→ ［ファーザァ］とのばすよ。

④ かの女は親切です。

　　　　　　 kind.

→ 💡 kind には a をつけないよ。

ヒント
is
She
He

❸ 右の絵に合う文を線でつなぎましょう。

①

She is a florist. ・　・ 🧒⚽

②

She is a pianist. ・　・ 🎹

③

He is a soccer player. ・　・ 💐

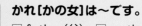
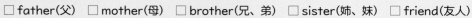

よく使う英単語 かれ［かの女］は～です。
□ father(父) □ mother(母) □ brother(兄、弟) □ sister(姉、妹) □ friend(友人)

月　日　　時　分～　時　分

名前

かれは[かの女は]～ではありません。 5級

 ♪ Let's Chant!

He is not eleven.　かれは11才ではありません。
[ヒー イズ ナ(ー)ット イレヴン]　　年れい

She is not tired.　かの女はつかれていません。
[シー イズ ナ(ー)ット タイアド]　　様子

He is not from China.　かれは中国出身ではありません。
[ヒー イズ ナ(ー)ット フラム チャイナ]　　出身

📌 文のポイント

He is not ☐☐☐☐.　　「かれは☐☐☐☐ではありません。」
She is not ☐☐☐☐.　　「かの女は☐☐☐☐ではありません。」

- ▶「かれは～ではありません」と言うときは、He is not ～ . の形を使います。
- ▶「かの女は～ではありません」と言うときは、She is not ～ . の形を使います。
- ▶～には名前、年れい、出身、職業、気持ち、様子、関係などを表すことばを入れます。

1 次の文をなぞりましょう。指示がある文は自分で1回書き写しましょう。

[ヒー イズ ナ(ー)ット イレヴン]　　　　　　　　かれは11才ではありません。

He is not eleven.

└─▶ 🔴 [レ] を強く読もう。

❗ 上の文を書き写しましょう。

[シー イズ ナ(ー)ット タイアド]　　　　　　　　かの女はつかれていません。

She is not tired.

[ヒー イズ ナ(ー)ット フラム チャイナ]　　　　　かれは中国出身ではありません。

He is not from China.

└─ ✏ Chaina にしないようにしよう。

2 □に当てはまる単語をヒントから選び、日本語に合う文を書きましょう。
ヒントの単語は何度使ってもいいです。

① かれはケンではありません。

He is [　　　] Ken.

💡 人の名前は大文字で始めるよ。

② かの女は私の姉ではありません。

She is [　　　] my sister.

💡 my ～に a はいらないよ。

③ かの女はじゅう医ではありません。

[　　　] is [　　　] a vet.

💡 男性は he、女性は she だよ。

④ かれは8才ではありません。

[　　　] [　　　] not eight.

3 右の日本語に合う英文を線でつなぎましょう。

①

He is a music teacher. •　　　• かれは音楽の先生です。

②

He is not hungry. •　　　• かの女は生徒では
　　　　　　　　　　　　ありません。

③

She is not a student. •　　　• かれは空腹では
　　　　　　　　　　　　ありません。

表現を
使おう │ 「かれ[かの女]の～」の言い方
もののことばの前に his をつけると「かれの～」、her をつけると「かの女の～」という意味になります。

かれは[かの女は]〜ですか。　5級

Is he fine?　　かれは元気ですか。
[イズ ヒー ファイン]　　様子

♪ Let's Chant!

— Yes, he is.　　はい、そうです。
[イェス ヒー イズ]

— No, he's not.　　いいえ、ちがいます。
[ノウ ヒーズ ナ(ー)ット]

📌 文のポイント

たずね方	Is he[she] ◻◻◻◻？　「かれは[かの女は] ◻◻◻◻ ですか。」
答え方	Yes, he[she] is. 「はい、そうです。」 ／ No, he's[she's] not. 「いいえ、ちがいます。」

▶「かれは[かの女は]〜ですか」と言うときは、Is he[she] 〜？ の形を使います。

▶はいと言うときは Yes, he[she] is. で、いいえと言うときは No, he's[she's] not. で答えます。

▶ he's は he is を、she's は she is を短くした言い方です。

1　次の文をなぞりましょう。指示がある文は自分で1回書き写しましょう。

[イズ ヒー ファイン]　　　　　　　　　　　　　かれは元気ですか。

Is he fine?

💡 クエスチョンマーク（?）を忘れないようにね。

⚠ 上の文を書き写しましょう。

[イェス ヒー イズ]　　　　　　　　　　　　　はい、そうです。

— Yes, he is.

[ノウ ヒーズ ナ(ー)ット]　　　　　　　　　　　いいえ、ちがいます。

— No, he's not.

💡 he is が短くなって he's だね。

61

❷ ☐に当てはまる単語をヒントから選び、日本語に合う文を書きましょう。
ヒントの単語は何度使ってもいいです。

① （ボブのことを話していて）かれは幸せですか。

Is ☐ happy?

💡 is を前に出そう。i は大文字にしよう。

② はい、そうです。（①に答えて）

☐ , ☐ is.

③ ミカはパン職人ですか。

☐ Mika a baker?

🐚 [ベーカー] ではなく [ベイカァ] と読もう。

④ いいえ、ちがいます。（③に答えて）

☐ , she's ☐ .

ヒント

No
he
Yes
Is
not

❸ 絵に合う対話になるように線でつなぎましょう。

①   ②   ③ 50才

① Is she sad?   •   • Yes, he is.

② Is he a police officer?   •   • No, she's not.

③ Is he forty?   •   • No, he's not. He's fifty.

表現を使おう かれ／かの女が2人以上の場合の言い方
英語では I、you 以外の2人以上の人たちのことは they [ゼイ] と言います。

31 いろいろな質問のしかた④ 【だれかたずねる】

月　日　　時　分〜　時　分

名前

〜はだれですか。 5級

Who are you?　あなたはだれですか。
［フー　アー　ユー］

Who is that boy?　あの少年はだれですか。
［フー　イズ　ザット　ボイ］

— He is Taku.　かれはタクです。
［ヒー　イズ　タク］

♪ Let's Chant!

✎ 文のポイント

Who are you?　　　「あなたはだれですか。」
Who is ⬜⬜⬜⬜?　　「⬜⬜⬜⬜⬜はだれですか。」

▶「〜はだれですか」と言うときは、Who のあとにふつうのたずねる文を続けます。

▶Who is 〜 ? には、人の名前や、自分との関係などを答えます。

❶ 次の文をなぞりましょう。

［フー　アー　ユー］　　　　　　　　　　　あなたはだれですか。

Who are you?

［アイ　アム　エマ］　　　　　　　　　　私はエマです。

— I am Emma.

　💡 Who are you? には I am 〜 . で答えるよ。

［フー　イズ　ザット　ボイ］　　　　　　あの少年はだれですか。

Who is that boy?

　💡 Who のあとは、ふつうのたずねる文と同じように、is 〜 ? の順になるよ。

［ヒー　イズ　タク］　　　　　　　　　　かれはタクです。

— He is Taku.

2 ☐ に当てはまる単語をヒントから選び、日本語に合う文を書きましょう。
ヒントの単語は何度使ってもいいです。

① この少女はだれですか。

☐ is this girl?

💡「だれ？」

② かの女はミキです。（①に答えて）

☐ is Miki.

ヒント

is
She
He
Who

③ ケンとはだれですか。

☐ is Ken?

💡「だれ？」

④ かれは私の友だちです。（③に答えて）

☐ ☐ my friend.

3 絵に合うように、たずねる文に合う答えの文を線でつなぎましょう。

①　　　　　　　②　ユウマ　　　　　③　ナオコ

① Who is this woman? •　　• He is Yuma.

② Who is he? •　　• She is my mother.

③ Who is that girl? •　　• She is Naoko.

表現を使おう　「だれの〜ですか」のたずね方
持ち主をたずねるときは Whose[フーズ] 〜？て言えます。Whose pen is this?（これはだれのペンですか。）

32 まとめのテスト5

1 それぞれ①〜③の音声の内容を表す絵を**ア〜ウ**から選んで（　）に書きましょう。音声は2回読まれます。

(各8点)

① （　　　　　） 　　② （　　　　　） 　　③ （　　　　　）

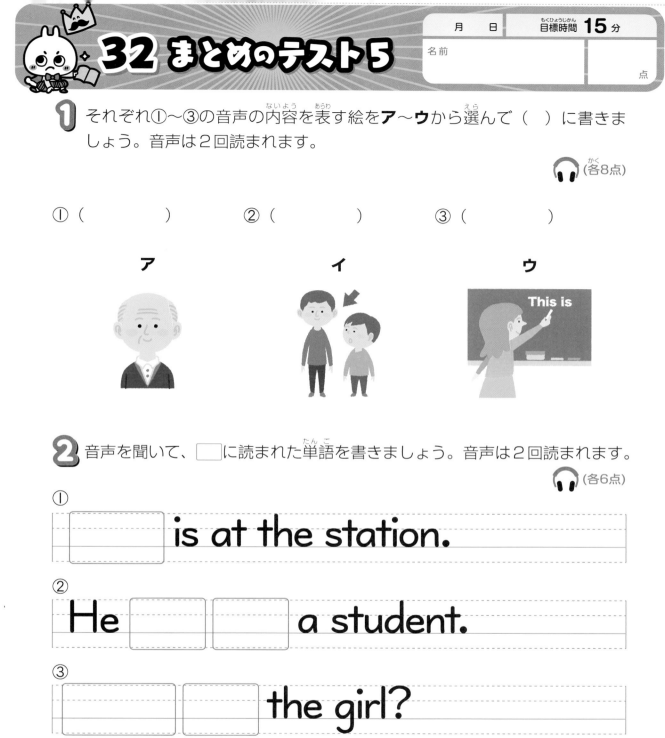

ア 　　　　　　　**イ** 　　　　　　　**ウ** This is

2 音声を聞いて、□に読まれた単語を書きましょう。音声は2回読まれます。

(各6点)

①

is at the station.

②

He　　　　　　a student.

③

the girl?

④

— my friend.

3 ①・②は（　）内の指示に従って英文を書きかえたときに□に当てはまる単語を書き、③・④は日本語に合う英文になるように［　］の中の単語を並べかえて文を書きましょう。

(各8点)

① He is my brother.　（下線部を sister にかえて）

| | | my sister. |

② He is a singer.　（「～ではありません」という意味の文に）

He's [　] [　] singer.

③ かれはとても親しみやすいです。

[very / . / he / friendly / is]

④ かの女はあなたの友だちですか。

[she / friend / ? / your / is]

4 絵の男の子についての質問に対して、メモの内容を見て、2つの文で答えましょう。

(各10点)

Who is this boy?

①

②

<メモ>
マイク（Mike）
学生

とくいなことと苦手なことを伝える

私は〜がとくいです。

I'm good at **cooking**.　　私は料理がとくいです。
[アイム グッド アット クッキング]

I'm good at **swimming**.　　私は水泳がとくいです。
[アイム グッド アット スウィミング]

I'm not good at **dancing**.　　私はおどりが苦手です。
[アイム ナ(ー)ット グッド アット ダンスィング]

♪ Let's Chant!

📌 文のポイント

I'm good at ☐☐☐☐.　　「私は☐☐☐☐がとくいです。」
I'm not good at ☐☐☐☐.　　「私は☐☐☐☐が苦手です。」

▶「私は〜がとくいです」と言うときは、I'm good at 〜 . の形を使います。
▶「私は〜が苦手です」と言うときは、I'm not good at 〜 . の形を使います。

---

1 次の文をなぞりましょう。指示がある文は自分で1回書き写しましょう。

[アイム グッド アット クッキング]　　　　　　　　　　　　私は料理がとくいです。

I'm good at cooking.

💡 o を2つ書くことに注意しよう。

(!) 上の文を書き写しましょう。

[アイム グッド アット スウィミング]　　　　　　　　　　　私は水泳がとくいです。

I'm good at swimming

💡 m を2つ書くことに注意しよう。

[アイム ナ(ー)ット グッド アット ダンスィング]　　　　　　私はおどりが苦手です。

I'm not good at dancing.

💡「苦手」=「とくいじゃない」なので、not があるよ。

2 □に当てはまる単語をヒントから選び、日本語に合う文を書きましょう。
ヒントの単語は何度使ってもいいです。

① 私は走るのがとくいです。

		at running.

💡「走ること」という意味のことばだよ。

ヒント

good
not
I'm
at

② 私は料理が苦手です。

I'm not ☐ at cooking.

③ 私はサッカーをするのがとくいです。

I'm ☐ ☐ playing soccer.

④ 私はピアノをひくのが苦手です。

I'm ☐ good at playing the piano.

💡楽器の前には the を置くよ。

3 右の絵に合う文を線でつなぎましょう。

①

I'm good at playing the violin.•

•

②

I'm good at playing badminton.•

•

③

I'm not good at swimming.•

•

表現を
使おう

相手に「とくいですか」とたずねる言い方
「あなたは〜がとくいですか」は Are you good at 〜 ?［アー ユー グッド アット］と言います。

34 できることを伝える

月　日　　時　分〜　時　分

名前

私は〜できます。 5級

♪ Let's Chant!

I can swim.　ぼくは泳ぐことができます。
［アイ キャン スウィム］

I can play soccer.　ぼくはサッカーをすることができます。
［アイ キャン プレイ サ(ー)カァ］

You can sing well.　あなたは上手に歌うことができます。
［ユー キャン スィング ウェル］

📌 文のポイント

I can ⬚⬚⬚⬚⬚⬚.　「私は⬚⬚⬚⬚⬚⬚することができます。」

▶「私は〜することができます」と言うときは、I can 〜 . の形を使います。

▶「あなたは〜することができます」と言うときは、You can 〜 . の形を使います。

▶can は動作を表すことばの前に置かれ「〜できる」という意味をつけ足します。

---

1 次の文をなぞりましょう。指示がある文は自分で1回書き写しましょう。

［アイ キャン スウィム］　　　　　　　　　ぼくは泳ぐことができます。

I can swim.

└─●真ん中の［ウィ］を強く読もう。

❗ 上の文を書き写しましょう。

［アイ キャン プレイ サ(ー)カァ］　　　　ぼくはサッカーをすることができます。

I can play soccer.

［ユー キャン スィング ウェル］　　　　　あなたは上手に歌うことができます。

You can sing well.

└─💡 well（上手に）は文の最後に置こう。

69

2 ☐に当てはまる単語をヒントから選び、日本語に合う文を書きましょう。
ヒントの単語は何度使ってもいいです。

① ぼくは速く走ることができます。

I ☐ run fast.

✏ first（1 番目）とまちがえないように。

② あなたはバイオリンをひくことができます。

You ☐ play the violin.

💬 [リ] を強く読むよ。

③ ぼくは朝食を料理することができます。

I ☐ ☐ breakfast.

💡 加熱して料理することだよ。

④ あなたは上手におどることができます。

You ☐ dance ☐ .

💡 dance は「おどり」という意味もあるよ。

ヒント
cook
well
can

3 右の絵に合う文を線でつなぎましょう。

①

I can play the piano. •   •

②

I can play the guitar. •   •

③

I don't play the guitar. •   •

 私は〜できます。
☐sing(歌う)　☐ride(〜に乗る)　☐ski(スキーをする)　☐dance(おどる)　☐cook(〜を料理する)

月　日　　時　分〜　時　分

名前

私は〜できません。

5級

I can't skate.　私はスケートをすることができません。
[アイ キャント スケイト]

I cannot ski.　ぼくはスキーをすることができません。
[アイ キャナ(ー)ット スキー]

You can't ride a bike.　あなたは自転車に乗る
[ユー キャント ライド ア バイク]　ことができません。

 Let's Chant!

文のポイント

I can't 　□　.　「私は□することができません。」

- ▶「私は〜することができません」と言うときは、I can't 〜 . の形を使います。
- ▶「あなたは〜することができません」と言うときは、You can't 〜 . の形を使います。
- ▶can't は cannot を短くした言い方です。

1 次の文をなぞりましょう。指示がある文は自分で1回書き写しましょう。

[アイ キャント スケイト]　　　　　　　　私はスケートをすることができません。

I can't skate.

→ [スケート] と読まないようにしよう。

(!) 上の文を書き写しましょう。

[アイ キャナ(ー)ット スキー]　　　　　　ぼくはスキーをすることができません。

I cannot ski.

[ユー キャント ライド ア バイク]　　　あなたは自転車に乗ることができません。

You can't ride a bike.

→ baike にしないようにしよう。

2 □に当てはまる単語をヒントから選び、日本語に合う文を書きましょう。
ヒントの単語は何度使ってもいいです。

① 私は今テレビを見ることができません。

I 　　　　 watch TV now.

② あなたは泳ぐことができません。

You 　　　　 swim.

ヒント

can't

walk

well

③ ぼくは上手にサッカーをすることができません。

I 　　　　 play soccer 　　　　 .

💡「上手に」という意味のことばが入るよ。

④ あなたは速く歩くことができません。

You 　　　　 　　　　 fast.

💡 動作を表すことばが入るよ。

3 右の日本語に合う英文を線でつなぎましょう。

①

I can dance. •

• 私はおどりません。

②

I can't dance. •

• 私はおどることが
できます。

③

I don't dance. •

• 私はおどることが
できません。

表現を使おう **許可を表す can**
can は「〜してもよい」／can't は「〜してはいけない」という意味になることもあります。

あなたは〜できますか。 5級

Can you ski? あなたはスキーをすることができますか。
[キャン ユー スキー]

♪ Let's Chant!

— **Yes, I can.** はい、できます。
[イェス アイ キャン]

— **No, I can't.** いいえ、できません。
[ノウ アイ キャント]

📌 文のポイント

たずね方 Can you ☐？　「あなたは☐することができますか。」

答え方 Yes, I can. 「はい、できます。」 ／ No, I can't. 「いいえ、できません。」

▶「あなたは〜することができますか」と言うときは、Can you 〜 ? の形を使います。

▶答えるときは、Yes, I can. 「はい、できます」/No, I can't [cannot]. 「いいえ、できません」と言います。

1 次の文をなぞりましょう。指示がある文は自分で1回書き写しましょう。

[キャン ユー スキー]　　　　　　　　　　　　あなたはスキーをすることができますか。

Can you ski?

！ 上の文を書き写しましょう。

[イェス アイ キャン]　　　　　　　　　　　　　　　　　　はい、できます。

— Yes, I can.

💡 答えるときは I にしよう。

[ノウ アイ キャント]　　　　　　　　　　　　　　　　　　いいえ、できません。

— No, I can't.

2 ☐に当てはまる単語をヒントから選び、日本語に合う文を書きましょう。
ヒントの単語は何度使ってもいいです。

① あなたは英語を話すことができますか。

☐ you speak English?

💡 can を前に出そう。c は大文字にしよう。

② はい、できます。（①に答えて）

☐ , ☐ can.

③ あなたはサッカーをすることができますか。

☐ ☐ play soccer?

④ いいえ、できません。（③に答えて）

☐ , I ☐ .

ヒント

Yes
No
I
you
can't
Can

3 絵に合うように、たずねる文に合う答えの文を線でつなぎましょう。

① ② 9:00 ③

① Can you cook? ・ ・ Yes, I can.
This is mine.

② Can you get up early? ・ ・ Yes. I cook
on Sundays.

③ Can you use the camera? ・ ・ No, I can't.

74 **表現を使おう** can を使って、お願いをしてみよう。
Can you ～？は「～してくれますか」とお願いする表現にもなります。

いくつの〜ですか。 ／〜はいくらですか。 5級

♪ Let's Chant!

How many pens do you have?
[ハウ メニィ ペンズ ドゥ ユー ハヴ]　あなたは何本のペンを持っていますか。

How much is this book?
[ハウ マッチ イズ ズィス ブック]　この本はいくらですか。

— It's seven hundred yen.
[イッツ セヴン ハンドゥレッド イェン]　それは 700 円です。

📌 文のポイント

How many □□□□□ ?	「いくつの□□□□□ですか。」
How much □□□□□ ?	「□□□□□はいくらですか。」

▶「いくつの〜を…ですか」と言うときは、How many のあとに数えられるものを表す単語（s をつけた形）を置き、そのあとにふつうのたずねる文を続けます。

▶「〜はいくらですか」と言うときは、How much のあとにふつうのたずねる文を続けます。

❶ 次の文をなぞりましょう。

[ハウ メニィ ペンズ ドゥ ユー ハヴ]　あなたは何本のペンを持っていますか。

How many pens do you have?

💡 ものを表す単語を忘れないでね。

[アイ ハヴ ファイヴ ペンズ]　私は5本のペンを持っています。

— I have five pens.

🖊 ×5

💡 2本以上なので s をつけるよ。

[ハウ マッチ イズ ズィス ブック]　この本はいくらですか。

How much is this book?

[イッツ セヴン ハンドゥレッド イェン]　それは 700 円です。

— It's seven hundred yen.

×7

💡 It は this book を指すよ。

❷ □に当てはまる単語をヒントから選び、日本語に合う文を書きましょう。
ヒントの単語は何度使ってもいいです。

① あなたはいくつの卵を食べますか。

| | | eggs do you eat? |

↑ 💡「いくつの〜？」

② 私は2個の卵を食べます。　（①に答えて）

I eat | | eggs.

ヒント
many
much
How
hundred
two

③ あのぼうしはいくらですか。

| | | is that hat? |

↑ 💡「いくら？」

④ それは 600 円です。↓　（③に答えて）

It's six | | yen.

↳ 🔴 [イェン] と読むよ。

❸ 右の絵に合う対話を線でつなぎましょう。

①
How many sisters do you have?
— I have two sisters. •

②
How much is this apple?
— It's one hundred yen. •

③
How many birds can you see?
— I can see three birds. •

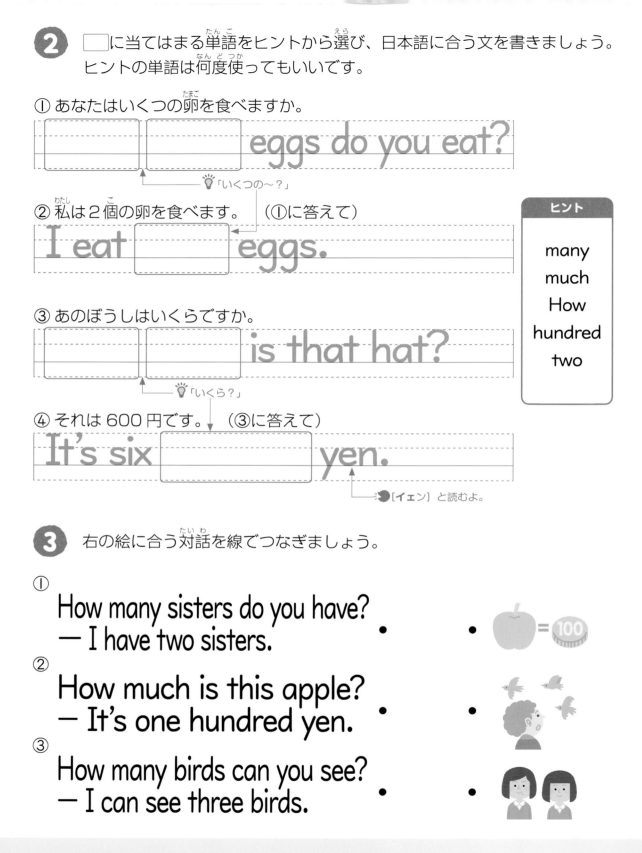

英語の ちしき　many と much
many は数えられるものに、much は数えられないものにつけて「たくさんの」という意味を表します。

38 まとめのテスト6

月　日　目標時間 **15**分

名前

点

1 それぞれ①〜③の音声の内容を表す絵を**ア〜ウ**から選んで（　）に書きましょう。音声は2回読まれます。

（各8点）

①（　　　　）　　②（　　　　）　　③（　　　　）

ア

イ

ウ

2 音声を聞いて、絵の人にかけることばとして合うものをそれぞれ**ア〜ウ**から選んで（　）に書きましょう。音声は2回読まれます。

（各12点）

①（　　　　）　　　　　　　②（　　　　）

77

3 ①・②は（　）内の指示に従って英文を書きかえたときに□に当てはまる単語を書き、③・④は日本語に合う英文になるように［　］の中の単語を並べかえて文を書きましょう。

(各8点)

① I speak Japanese. （「～することができます」という意味の文に）

I ☐ ☐ Japanese.

② I can sing well. （「～できません」という意味の文に）

☐ ☐ sing well.

③ 私はサッカーをするのがとくいです。

[playing / good / . / at / I'm / soccer]

④ あなたはいくつの消しゴムを持っていますか。

[you / many / have / do / ? / how / erasers]

4 絵の女の子と男性のやりとりになるように、□に当てはまる単語を書きましょう。

(各10点)

① このTシャツはいくらですか。

☐ ☐ is this T-shirt?

② それは900円です。

☐ 900 yen.

78

月　日　　時　分〜　時　分

名前

私は〜しました。／それは〜でした。

♪ Let's Chant!

I went to the park.　ぼくは公園に行きました。
［アイ ウェント トゥー ザ パーク］

I played baseball.　ぼくは野球をしました。
［アイ プレイド ベイスボール］

It was fun.　それは楽しかったです。
［イット ワズ ファン］

📌 文のポイント

I went to [　　　　].　「私は[　　　　]に行きました。」
I played [　　　　].　「私は[　　　　]をしました。」
It was [　　　　].　「それは[　　　　]でした。」

▶英語では「〜しました」と今より前にした動作を伝えるとき、語の形が変わります。

▶go−went、play−played、is−was のように変化します。

① 次の文をなぞりましょう。指示がある文は自分で1回書き写しましょう。

［アイ ウェント トゥー ザ パーク］　　　　　　　　　　ぼくは公園に行きました。

I went to the park.

💡「ぼくは〜に行きます」なら I go to 〜 . だよ。

⚠ 上の文を書き写しましょう。

［アイ プレイド ベイスボール］　　　　　　　　　　ぼくは野球をしました。

I played baseball.

💡 ed をつけるのを忘れないように。

［イット ワズ ファン］　　　　　　　　　　それは楽しかったです。

It was fun.

2 □に当てはまる単語をヒントから選び、日本語に合う文を書きましょう。

① 私は海に行きました。

I ___ ___ the sea.

💡「～に行きます」なら go to、「～に行きました」なら？

② それはすばらしかったです。（①に続いて）

It ___ wonderful.

💡「～でした」という意味のことばが入るよ。

③ 私はピアノをひきました。

___ ___ the piano.

💡「～をひきます」なら play、「～をひきました」なら？

④ それは難しかったです。（③に続いて）

___ was ___ .

💡「難しい」という意味のことばが入るよ。

ヒント
I
It
to
went
played
was
hard

3 右の絵に合う文を線でつなぎましょう。

①

I went to the mountain. •

②

I played soccer. •

③

I played the violin.
It was fun. •

表現を
使おう

「私は～でした」は？
「私は～でした」は I was ～ . と言います。I was happy.（私は幸せでした。）

月　日　時　分〜　時　分

名前

私は〜を見ました。／私は〜を食べました。／私は〜を楽しみました。

♪ Let's Chant!

I saw your cat.　私はあなたのねこを見ました。
［アイ ソー ユア キャット］

I ate a hamburger.　ぼくはハンバーガーを
［アイ エイト ア ハンバーガァ］　食べました。

I enjoyed the party.　私はパーティーを
［アイ インヂョイド ザ パーティ］　楽しみました。

📌 文のポイント

I saw _____.　「私は_____を見ました。」

I ate _____.　「私は_____を食べました。」

I enjoyed _____.　「私は_____を楽しみました。」

▶ see−saw、eat−ate、enjoy−enjoyed のように、「〜します」が「〜しました」に変化します。

---

1 次の文をなぞりましょう。指示がある文は自分で1回書き写しましょう。

［アイ ソー ユア キャット］　私はあなたのねこを見ました。

I saw your cat.

① 上の文を書き写しましょう。

［アイ エイト ア ハンバーガァ］　ぼくはハンバーガーを食べました。

I ate a hamburger.

→ 最初の［ハ］を強く読むよ。

［アイ インヂョイド ザ パーティ］　私はパーティーを楽しみました。

I enjoyed the party.

→ 💡 ed をつけるのを忘れないように。

2 ☐に当てはまる単語をヒントから選び、日本語に合う文を書きましょう。ヒントの単語は何度使ってもいいです。

① 私は川を見ました。

I ☐ the river.

↳ 💡「〜を見ます」なら see、「〜を見ました」なら？

② ぼくは朝ごはんを食べました。

I ☐ breakfast.

↳ 💡「〜を食べます」なら eat、「〜を食べました」なら？

③ 私はつりを楽しみました。

I ☐ fishing.

↳ 💡「〜を楽しみます」なら enjoy、「〜を楽しみました」なら？

④ ぼくは昨日あなたを見ました。

I ☐ ☐ yesterday.

↳ 💡「昨日」という意味の単語だよ。

ヒント
ate
saw
enjoyed
you

3 右の日本語に合う英文を線でつなぎましょう。

①

I see a movie. •

• 私は映画を見ません。

②

I saw a movie. •

• 私は映画を見ます。

③

I don't see a movie. •

• 私は映画を見ました。

英語の ちしき 「〜した」の動作を表すことばの変化

play−played のように ed をつけて「〜した」を表す場合と、go−went のようなそうでない場合があります。

41 ていねいな表現

月　日　時　分〜　時　分

名前

何になさいますか。／〜をいただきたいのですが。

What would you like?　何になさいますか。

[(フ)ワット ウッド ユー ライク]

What food would you like?

[(フ)ワット フード ウッド ユー ライク]　どんな食べ物になさいますか。

I'd like pizza.　ピザをいただきたいのですが。

[アイド ライク ピーツァ]

♪ Let's Chant!

📌 文のポイント

| たずね方 | What would you like? | 「何になさいますか。」 |

| 答え方 | I'd like ☐. | 「☐をいただきたいのですが。」 |

▶would を使って、ていねいにたずねたり要望を言ったりすることができます。

▶I'd は I would を短くした言い方で、I'd like 〜 . は「〜をいただきたいのですが」という意味を表します。

❶ 次の文をなぞりましょう。

[(フ)ワット ウッド ユー ライク]　何になさいますか。

What would you like?

💡 What do you want? をていねいにした言い方だよ。

[アイド ライク ア カップ アヴ ティー]　紅茶を1ぱいいただきたいのですが。

— I'd like a cup of tea.

💡 I want 〜 . をていねいにした言い方だよ。

[(フ)ワット フード ウッド ユー ライク]　どんな食べ物になさいますか。

What food would you like?

[アイド ライク ピーツァ]　ピザをいただきたいのですが。

— I'd like pizza.

83

2 □に当てはまる単語をヒントから選び、日本語に合う文を書きましょう。
ヒントの単語は何度使ってもいいです。

① 何になさいますか。

[____] [____] you like?

└─💡「何」という意味の単語は？

② サラダをいただきたいのですが。 （①に答えて）

[____] like salad.

③ どんな果物になさいますか。

What [____] would you [____] ?

└─💡「果物」という意味のことばが入るよ。

ヒント

would
What
like
fruit
I'd

④ オレンジを 1 ついただきたいのですが。 （③に答えて）

[____] [____] an orange.

3 ┄┄に当てはまる単語を線でつなぎましょう。

①

What [____] you like?   •   • I'd

②

I'd [____] some juice.   •   • like

③

[____] like some water.   •   • would

表現を
使おう
注文のしかた
I'd like 〜 . の他にも、Can I have 〜？でも「〜をもらえますか」とお店で注文することができます。

42 指示／お願いのしかた

〜しなさい。／〜してはいけない。 5級

Clean the room. 　部屋をきれいにしなさい。
[クリーン ザ ルーム]

Don't run here. 　ここで走ってはいけません。
[ドゥント ラン ヒア]

Sing, please. 　歌ってください。
[スィング プリーズ]

 ♪ Let's Chant!

📌 文のポイント

| ＿＿＿＿＿（, please）. 　「＿＿＿＿しなさい（してください）。」 |
| Don't ＿＿＿＿. 　「＿＿＿＿してはいけません。」 |

▶「〜しなさい」と指示をするときは、動作を表すことばで始めます。you などはいりません。

▶「〜してはいけません」と言うときは、Don't のあとに、動作を表すことばを続けます。

▶文の始めや終わりに please をつけると、ていねいにお願いする表現になります。

1 次の文をなぞりましょう。指示がある文は自分で1回書き写しましょう。

[クリーン ザ ルーム]　　　　　　　　　　　　　　　　部屋をきれいにしなさい。

Clean the room.

↑
💡 動作を表すことばだよ。

⚠ 上の文を書き写しましょう。

[ドゥント ラン ヒア]　　　　　　　　　　　　　　　　ここで走ってはいけません。

Don't run here.

[スィング プリーズ]　　　　　　　　　　　　　　　　歌ってください。

Sing, please.

↑
💡 please を文の最後に置くときは前にコンマ (,) がいるよ。

2 □に当てはまる単語をヒントから選び、日本語に合う文を書きましょう。ヒントの単語は何度使ってもいいです。

① ドアを開けなさい。

┌─────────────┬──────────────┐
│   │ the door.   │
└─────────────┴──────────────┘
→ [オープン] てはなく [オウプン] と読もう。

② 今、テレビを見てはいけません。

┌─────────────┬────────────────────┐
│   │ watch TV now.   │
└─────────────┴────────────────────┘
→ [ティーヴィー] と読むよ。

ヒント

Come
Open
Don't
please

③ こちらに来てください。

┌─────────────┬─────┬──────────────┐
│   │here,│   │. │
└─────────────┴─────┴──────────────┘
💡 文の始めに置くこともできるよ。

④ 立ち上がらないでください。

┌─────────────┬──────────┬──────────────┐
│   │ stand up,│   │. │
└─────────────┴──────────┴──────────────┘
💡 「〜してはいけません」という意味のことばが入るよ。

3 右の日本語に合う英文を線でつなぎましょう。

①

Dance here. •   • ここでおどっては
　　　　　　　　　　　　　　　　　　　　　いけません。
②

Dance here, please. •   • ここでおどりなさい。

③

Don't dance here. •   • ここでおどってください。

英語のちしき **文の中の please の位置**
please は文の始まりにも終わりにも置けます。始めに置くときは、コンマ (,) がいりません。

43 さそう表現

月　日　時　分〜　時　分

名前

〜しましょう。 5級

Let's sing. 歌いましょう。
[レッツ スィング]

— Yes, let's. はい、そうしましょう。
[イェス レッツ]

— No, let's not. いいえ、よしましょう。
[ノウ レッツ ナ(ー)ット]

 ♪ Let's Chant!

📌 文のポイント

さそい方 Let's ☐. 「☐しましょう。」

答え方 Yes, let's.「はい、そうしましょう。」 / No, let's not.「いいえ、よしましょう。」

▶「〜しましょう」とさそうときは、Let's 〜 . と言います。

▶受けるときは、Yes, let's.「はい、そうしましょう」、OK.「いいよ」などと、断るときは、No, let's not.「いいえ、よしましょう」、Sorry, 〜 .「ごめんなさい、〜（理由）」などと言います。

1 次の文をなぞりましょう。指示がある文は自分で1回書き写しましょう。

[レッツ スィング]　　　　　　　　　　　　　　歌いましょう。

Let's sing.

— 動作を表すことばが入るよ。

① 上の文を書き写しましょう。

[イェス レッツ]　　　　　　　　　　　　　　はい、そうしましょう。

— Yes, let's.

[ノウ レッツ ナ(ー)ット]　　　　　　　　　　いいえ、よしましょう。

— No, let's not.

— not を忘れないように。

2 □に当てはまる単語をヒントから選び、日本語に合う文を書きましょう。
ヒントの単語は何度使ってもいいです。

① テニスをしましょう。

[_____] play tennis.

└─ 💡「〜しましょう」の文の始めに入ることばだよ。

② はい、そうしましょう。（①に答えて）

[_____], let's.

ヒント

go
busy
Let's
Sorry
Yes

③ 買い物に行きましょう。

[_____] [_____] shopping.

└─ 💡「行く」という意味のことばだよ。

④ ごめんなさい、今いそがしいです。（③に答えて）

[_____], I'm [_____] now.

└─ 💡理由を言おう。

3 ⌒内のように言われたときの①〜③の絵の人のことばとして合うものを
線でつなぎましょう。

Let's eat pizza.

① • • Yes, let's. I like pizza.

② • • Sorry, but I'm not hungry.

③ • • Sorry, I don't like pizza.

表現を使おう さそう表現
さそう言い方には、他に Why don't we 〜?［(フ)ワイ ドウント ウィー］や Shall we 〜?［シャル ウィー］があります。

44 いろいろな質問のしかた⑥ 【いつかたずねる】

〜はいつですか。／いつ〜しますか。 5級

♪ Let's Chant!

When is your birthday?
[(フ)**ウェン イズ ユ**ア **バ**ースデイ]　　あなたのたんじょう日はいつですか。

When do you play soccer?
[(フ)**ウェン ドゥ ユー** プレイ **サ**(ー)カァ]　　あなたはいつサッカーをしますか。

ー I play soccer every Sunday.
[**ア**イ プレイ **サ**(ー)カァ **エ**ヴリィ **サ**ンデイ]　　ぼくは毎週日曜日にサッカーをします。

📌 文のポイント

| When is ⬚⬚⬚ ? | 「⬚⬚⬚⬚はいつですか。」 |
| When do you ⬚⬚⬚ ? | 「あなたはいつ⬚⬚⬚⬚しますか。」 |

▶「〜はいつですか」と言うときは、When is 〜 ? の形を使います。

▶「あなたはいつ〜しますか」と言うときは、When do you 〜 ? の形を使います。

① 次の文をなぞりましょう。

[(フ)**ウェン イズ ユ**ア **バ**ースデイ]　　あなたのたんじょう日はいつですか。

When is your birthday?

[**イ**ット **イズ エ**イプリル **セ**カンド]　　4月2日です。

ー It is April second.

💡 It is[It's] 〜 . て答えるよ。

[(フ)**ウェン ドゥ ユー** プレイ **サ**(ー)カァ]　　あなたはいつサッカーをしますか。

When do you play soccer?

💡 When のあとは、ふつうのたずねる文と同じように、do you 〜 ? の順になるよ。

[**ア**イ プレイ **サ**(ー)カァ **エ**ヴリィ **サ**ンデイ]　　ぼくは毎週日曜日にサッカーをします。

ー I play soccer every Sunday.

💡 曜日の最初の文字は大文字で表すよ。

2 ☐に当てはまる単語をヒントから選び、日本語に合う文を書きましょう。

① その祭りはいつですか。

| | is the festival? |

💡「いつ」にあたることばが入るよ。

ヒント

you
When
after
do
It's

② 次の土曜日です。（①に答えて）

| | next Saturday. |

💡 It is を短くした言い方だよ。

③ あなたはいつ本を読みますか。

When ☐ ☐ read a book?

④ 私は夕食後に本を読みます。（③に答えて）

I read a book ☐ dinner.

💡「〜後に」にあたることばが入るよ。

3 絵の男の子の答えに対する女の子の質問になるように、☐に当てはまる単語を書きましょう。

①

When ☐ you play the guitar?

— I play the guitar every day.

②

When ☐ the concert?

— It's next Sunday.

英語の ちしき dinner ［ディナァ］はいつも夕食？
dinner は「1日のうちの主要な食事」のことです。ふつう夕食であることが多いのですが、昼食の場合もあります。

45 まとめのテスト7

1 それぞれ①～③の音声の内容を表す絵を**ア**～**ウ**から選んで（　）に書きましょう。音声は2回読まれます。

(各8点)

① （　　　　　）　　　② （　　　　　）　　　③ （　　　　　）

ア　　　　　　　　　　**イ**　　　　　　　　　　**ウ**

2 音声を聞いて、□に読まれた単語を書きましょう。音声は2回読まれます。

(各6点)

①

I ☐ ☐ the museum.

②

I ☐ lunch with my brother.

③

What ☐ you ☐ ?

④

— ☐ ☐ spaghetti.

3 ①・②は（ ）内の指示に従って英文を書きかえたときに☐に当てはまる単語を書き、③・④は日本語に合う英文になるように［ ］の中の単語を並べかえて文を書きましょう。

(各8点)

① I enjoy dinner.（「～を楽しみました」という意味の文に）

I ☐☐☐☐ ☐☐☐☐ .

② It is delicious.（「～でした」という意味の文に）

☐☐☐☐ ☐☐☐☐ delicious.

③ ここで走ってはいけません。
　［ run / here / . / don't ］

④ あなたはいつキャンプに行きますか。
　［ go / ? / you / when / do / camping ］

4 次の絵の登場人物になったつもりで、日本語に合う英文を書いて、休日にしたことの発表を完成させましょう。

(各10点)

① 私は山に行きました。

＜休日にしたこと＞
山に行った。
つりを楽しんだ。

② ぼくはつりを楽しみました。

46 しあげのテスト1

1 それぞれ①～③の音声の内容を表す絵を**ア**～**ウ**から選んで（　）に書きましょう。音声は2回読まれます。

 (各8点)

① （　　　　　　）　　　② （　　　　　　）　　　③ （　　　　　　）

ア　　　　　　　　　　　**イ**　　　　　　　　　　　**ウ**

2 音声を聞いて、□に読まれた単語を書きましょう。音声は2回読まれます。

(各6点)

①

I ⬚ pandas ⬚ the zoo.

②

⬚ ⬚ play the flute.

③

Do you ⬚ ⬚ see a movie?

④

— ⬚ , I ⬚ .

③ 日本語に合う英文になるように、①・②は□に当てはまる単語を書き、③・④は〔 〕の中の単語を並べかえて文を書きましょう。

(各8点)

① あなたの本は机の上にあります。

Your book ☐ ☐ the desk.

② 私はおどりません。

☐ ☐ dance.

③ あなたはどこに住んでいますか。

〔 live / where / ? / you / do 〕

④ 私は駅の近くに住んでいます。（③に答えて）

〔 near / . / live / station / I / the 〕

④ 絵の人に合うふき出しになるように□から3～4語ずつ選んで書きましょう。同じ語を何度使ってもいいです。ピリオド (.) もつけましょう。(各10点)

①

②

like   I   cats   basketball   don't

94

47 しあげのテスト2

月 日 　目標時間 **15** 分

名前

点

1 それぞれ①～③の音声の内容を表す絵を**ア**～**ウ**から選んで（ 　）に書きましょう。音声は２回読まれます。

(各8点)

① （ 　　　　　 ） 　　　② （ 　　　　　 ） 　　　③ （ 　　　　　 ）

ア 　　　　　　　　　**イ** 　　　　　　　　　**ウ**

2 音声を聞いて、□に読まれた単語を書きましょう。音声は２回読まれます。

(各6点)

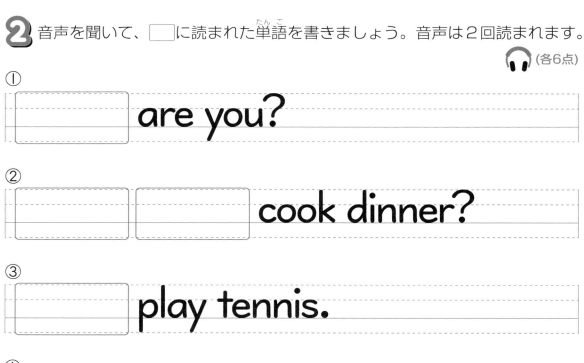

①

are you?

②

cook dinner?

③

play tennis.

④

— Yes, 　　　　 .

3

①・②は（ ）内の指示に従って英文を書きかえたときに□に当てはまる単語を書き、③・④は日本語に合う英文になるように [ ] の中の単語を並べかえて文を書きましょう。

(各8点)

① I visit the museum. （「〜したいです」という意味の文に）

I ☐ ☐ visit the museum.

② You are tired. （「〜ですか」という意味の文に）

☐ ☐ tired?

③ あなたは何時に家に帰りますか。

[do / time / home / ? / what / go / you]

④ 私は5時に家に帰ります。（③に答えて）

[at / I / home / five / . / go]

4

絵の人にかけることばになるように□から3語ずつ選んで書きましょう。

(各10点)

①

do   when   what   you

☐ ☐ ☐ clean your room?

②

birds   how   many   much

☐ ☐ ☐ do you have?

48 英検®5級形式にチャレンジ1

1 次の(1)から(3)までの（　　　）に入れるのに最も適切なものを1、2、3、4の中から一つ選びなさい。　　　　　　　　　　　(各8点)

(1) I have a brother. （　　　） name is Tom.

　　1　Her　　2　You　　3　His　　4　I

(2) I get （　　　） at six fifteen every morning.

　　1　up　　2　to　　3　on　　4　in

(3) *A :* What color do you like, Ellen?

　　B : I like （　　　）.

　　1　color　　2　it　　3　you　　4　red

(1)		(2)		(3)	

2 次の(1)から(3)までの会話について、（　　　）に入れるのに最も適切なものを1、2、3、4の中から一つ選びなさい。　　　　　　　(各8点)

(1) *Student :* （　　　）

　　Teacher : I'm from Canada.

　　1　Do you go to Canada?　　2　Is Canada big?

　　3　Where do you live?　　　4　Where are you from?

(2) *Father :* Do you want this dictionary?

　　Boy : Yes. （　　　）

　　1　You want it.　　　　2　I don't use it.

　　3　I need it.　　　　　4　I don't need it.

(3) *Girl :* How many books do you have?

　　Boy : （　　　）

　　1　It is a nice book.　　　2　I have five.

　　3　I have a new bike.　　　4　This is my book.

(1)		(2)		(3)	

3 イラストを参考にしながら英文と応答を聞き、最も適切な応答を１、２、３の中から一つ選びなさい。音声は２回読まれます。

(各7点)

(1)

(2)

(3)

(4)

(1)		(2)		(3)		(4)	

4 対話と質問を聞き、その答えとして最も適切なものを１、２、３、４の中から一つ選びなさい。音声は２回読まれます。

(各8点)

(1) 1 They play tennis.
2 On Wednesdays.
3 In the park.
4 With her sister.

(2) 1 Apples.
2 Bananas.
3 Fruit.
4 They don't like fruit.

(3) 1 ¥200.
2 ¥250.
3 ¥270.
4 ¥300.

(1)		(2)		(3)	

1 次の(1)から(3)までの（　　　）に入れるのに最も適切なものを1、2、3、4の中から一つ選びなさい。

(各8点)

(1) A : Do you like soccer, Ben?

　　B : Yes. I often （　　　） soccer with my friends.

　　1　like　　2　play　　3　go　　4　come

(2) This is Kate. She is （　　　） Canada.

　　1　for　　2　on　　3　under　　4　from

(3) A : （　　　） do you do on Sundays, Mary?

　　B : I read books in my room.

　　1　What　　2　Where　　3　When　　4　Who

(1)		(2)		(3)	

2 次の(1)と(2)の日本文の意味を表すように①から④までを並べかえて□の中に入れなさい。そして、1番目と3番目にくるものの最も適切な組合せを1、2、3、4の中から一つ選びなさい。※ただし、（　　　）の中では、文のはじめにくる語も小文字になっています。

(各10点)

(1) このラケットはいくらですか。

　　（ ① much　　② this　　③ how　　④ is ）

　　1番目　　　　3番目

　　[　　] [　　] [　　] [　　] racket?

　　1　②ー①　　2　③ー②　　3　①ー④　　4　③ー④

(2) 私は毎日ご飯を食べます。

　　（ ① day　　② eat　　③ every　　④ rice ）

　　　　1番目　　　　3番目

　　I [　　] [　　] [　　] [　　].

　　1　④ー③　　2　①ー②　　3　②ー③　　4　②ー④

(1)		(2)	

3 イラストを参考にしながら英文と応答を聞き、最も適切な応答を１、２、３の中から一つ選びなさい。音声は２回読まれます。 🎧 (各7点)

(1)

(2)

(3)

(4)

(1)		(2)		(3)		(4)	

4 三つの英文を聞き、その中から絵の内容を最もよく表しているものを一つ選びなさい。音声は２回読まれます。 🎧 (各7点)

(1)

(2)

(3)
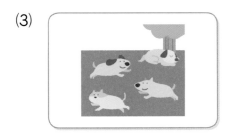

(4)

(1)		(2)		(3)		(4)	

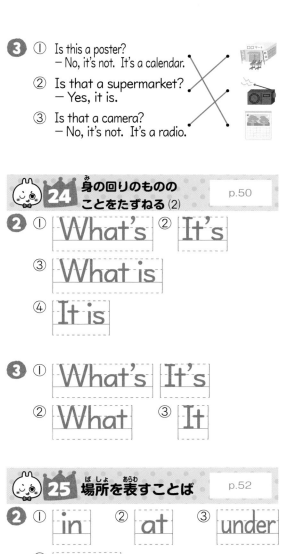

3
① Is this a poster?
  — No, it's not. It's a calendar.
② Is that a supermarket?
  — Yes, it is.
③ Is that a camera?
  — No, it's not. It's a radio.

24 身の回りのものの
ことをたずねる (2)　　p.50

2 ① What's　② It's
③ What is
④ It is

3 ① What's　It's
② What　③ It

25 場所を表すことば　　p.52

2 ① in　② at　③ under
④ is on

3 ① is under　② in box
③ on bed

26 いろいろな質問のしかた③
【場所をたずねる】　　p.54

2 ① Where　② under table
③ Where do　④ in sea

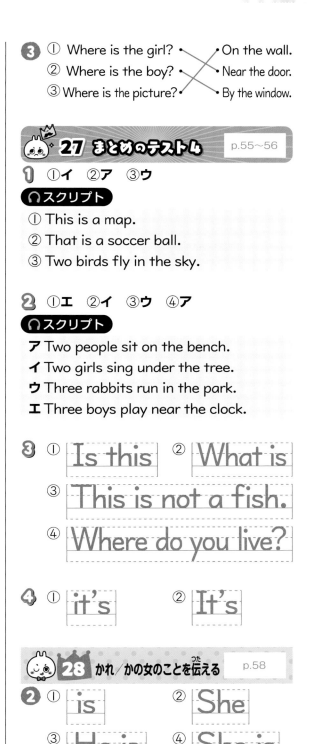

3
① Where is the girl?
② Where is the boy?
③ Where is the picture?
  • On the wall.
  • Near the door.
  • By the window.

27 まとめのテスト4　　p.55〜56

1 ①イ　②ア　③ウ

∩ スクリプト
① This is a map.
② That is a soccer ball.
③ Two birds fly in the sky.

2 ①エ　②イ　③ウ　④ア

∩ スクリプト
ア Two people sit on the bench.
イ Two girls sing under the tree.
ウ Three rabbits run in the park.
エ Three boys play near the clock.

3
① Is this　② What is
③ This is not a fish.
④ Where do you live?

4 ① it's　② It's

28 かれ／かの女のことを伝える　　p.58

2 ① is　② She
③ He is　④ She is

3 ① She is a florist.
② She is a pianist.
③ He is a soccer player.

29 かれ／かの女の「〜ではない」を伝える　p.60

2 ① not ② not
③ She not ④ He is

3 ① He is a music teacher. ━━ かれは音楽の先生です。
② He is not hungry. ━━ かの女は生徒ではありません。
③ She is not a student. ━━ かれは空腹ではありません。

30 かれ／かの女のことをたずねる　p.62

2 ① he ② Yes he
③ Is ④ No not

3 ① Is she sad? ━━ Yes, he is.
② Is he a police officer? ━━ No, she's not.
③ Is he forty? ━━ No, he's not. He's fifty.

31 いろいろな質問のしかた④【だれかたずねる】　p.64

2 ① Who ② She
③ Who ④ He is

3 ① Who is this woman? ━━ He is Yuma.
② Who is he? ━━ She is my mother.
③ Who is that girl? ━━ She is Naoko.

32 まとめのテスト5　p.65〜66

1 ①イ ②ウ ③ア

スクリプト
① He is not short.
② She is an English teacher.
③ He is my grandfather.

2 ① She ② is not
③ Who is ④ She is

スクリプト
① She is at the station.
② He is not a student.
③ Who is the girl? ④ She is my friend.

3 ① She is ② not a
③ He is very friendly.
④ Is she your friend?

4 ①〔例〕He is[He's] Mike.
②〔例〕He is[He's] a student.

33 とくいなことと苦手なことを伝える　p.68

2 ① I'm good
② good
③ good at
④ not

106

3
① I'm good at playing the violin.
② I'm good at playing badminton.
③ I'm not good at swimming.

34 できることを伝える　p.70

2 ① can ② can ③ can cook ④ can well

3
① I can play the piano.
② I can play the guitar.
③ I don't play the guitar.

35 できないことを伝える　p.72

2 ① can't ② can't ③ can't well ④ can't walk

3
① I can dance.
② I can't dance.
③ I don't dance.

私はおどりません。
私はおどることができます。
私はおどることができません。

36 できることをたずねる　p.74

2 ① Can ② Yes I ③ Can you ④ No can't

3
① Can you cook?
② Can you get up early?
③ Can you use the camera?

Yes, I can. This is mine.
Yes. I cook on Sundays.
No, I can't.

37 いろいろな質問のしかた⑤【数／値段をたずねる】　p.76

2 ① How many ② two ③ How much ④ hundred

3
① How many sisters do you have?
　— I have two sisters.
② How much is this apple?
　— It's one hundred yen.
③ How many birds can you see?
　— I can see three birds.

38 まとめのテスト6　p.77～78

1 ①ウ ②ア ③イ

スクリプト
① I can dance.
② I can't make a cake well.
③ I can play the violin very well.

2 ①イ ②ウ

スクリプト
① ア What animal do you like?
　イ Can you play the piano?
　ウ How many books do you have?
② ア Can you sing well?
　イ Do you want to study English?
　ウ How much is this cake?

3
① can speak
② I can't[cannot]

③ I'm good at playing soccer.

④ How many erasers do you have?

4 ① How much ② It's

39 したことを伝える(1) p.80

2 ① went to ② was
③ I played ④ It hard

3 ① I went to the mountain.
② I played soccer.
③ I played the violin.
It was fun.

40 したことを伝える(2) p.82

2 ① saw ② ate
③ enjoyed ④ saw you

3 ① I see a movie. ・ ・私は映画を見ません。
② I saw a movie. ・ ・私は映画を見ます。
③ I don't see a movie.・ ・私は映画を見ました。

41 ていねいな表現 p.84

2 ① What would ② I'd
③ fruit like ④ I'd like

3 ① What □ you like? ・ ・I'd
② I'd □ some juice. ・ ・like
③ □ like some water.・ ・would

42 指示／お願いのしかた p.86

2 ① Open ② Don't
③ Come please
④ Don't please

3 ① Dance here. ・ ・ここでおどっては
いけません。
② Dance here, please. ・ ・ここでおどりなさい。
③ Don't dance here. ・ ・ここでおどってください。

43 さそう表現 p.88

2 ① Let's ② Yes
③ Let's go
④ Sorry busy

3 ① ・ ・Yes, let's. I like pizza.
② ・ ・Sorry, but I'm not hungry.
③ ・ ・Sorry, I don't like pizza.

**44 いろいろな質問のしかた⑥
【いつかたずねる】** p.90

2 ① When ② It's
③ do you ④ after

❸ ① do ② is

45 まとめのテスト7　p.91～92

❶ ①イ　②ア　③ウ

（🎧スクリプト）

① I played volleyball.
② Let's dance together.
③ I saw some rabbits in the house.

❷ ①

① went to ② ate
③ would like ④ I'd like

（🎧スクリプト）

① I went to the museum.
② I ate lunch with my brother.
③ What would you like?
④ I'd like spaghetti.

❸ ①

① enjoyed dinner
② It was
③ Don't run here.
④ When do you go camping?

❹ ①〔れい〕I went to the mountain.
②〔れい〕I enjoyed fishing.

46 しあげのテスト1　p.93～94

❶ ①ウ　②イ　③ア

（🎧スクリプト）

① He is fine.
② This is a beautiful flower.
③ You can sing very well.

❷ ①

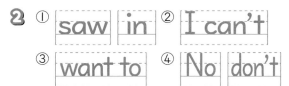

① saw in ② I can't
③ want to ④ No don't

（🎧スクリプト）

① I saw pandas in the zoo.
② I can't play the flute.
③ Do you want to see a movie?
④ No, I don't.

❸ ①

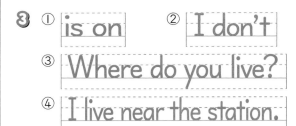

① is on ② I don't
③ Where do you live?
④ I live near the station.

❹ ①

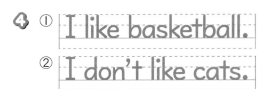

① I like basketball.
② I don't like cats.

47 しあげのテスト2　p.95～96

❶ ①イ　②ア　③ウ

（🎧スクリプト）

① I want a new bike.
② She is my mother.
③ I'd like a banana.

2 ①  ②
③ ④ let's

🔊 スクリプト

① Who are you?
② Can you cook dinner?
③ Let's play tennis.
④ Yes, let's.

3 ① want to ② Are you
③ What time do you go home?
④ I go home at five.

4 ① When do you
②

48 英検®5級形式にチャレンジ1　　p.97〜98

1 (1)**3**　(2)**1**　(3)**4**
2 (1)**4**　(2)**3**　(3)**2**
3 (1)**2**　(2)**1**　(3)**3**　(4)**2**

🔊 スクリプト

No. 1
Where do you play the piano every day?
1 Every morning.
2 In my room.
3 I don't like music.
　No. 2
Can you use your father's computer?
1 Yes. I often use it.
2 I have a computer.
3 No. He can't use it.

No. 3
Why are you tired?
1 Yes, I am.
2 Because my friends help me.
3 Because I'm very busy.
　No. 4
How many pencils do you need?
1 I have a pen.
2 I need two pencils.
3 I don't have any pens.

4 (1)**3**　(2)**1**　(3)**2**

🔊 スクリプト

No. 1
Do you play tennis, Lucy?
Yes. I play tennis in the park on Wednesdays with my sister.
Question: Where do Lucy and her sister play tennis on Wednesdays?
　No. 2
I like apples and bananas. Do you like fruit, Ellen?
Yes. I like apples. Let's eat this apple, Dick.
Question: What fruit do Dick and Ellen like?
　No. 3
One cake, please.
It's 250 yen.
Question: How much is the cake?

49 英検®5級形式にチャレンジ2　　p.99〜100

1 (1)**2**　(2)**4**　(3)**1**
2 (1)**4**　(2)**3**
3 (1)**3**　(2)**1**　(3)**2**　(4)**1**

🔊 スクリプト

No. 1
What time do you usually go to bed?
1 In my room.

2 With my brother.

3 At nine twenty.

　No. 2

Is this your guitar?

1 Yes. I like music.

2 I often listen to music.

3 It's on the desk.

　No. 3

Who is this man?

1 It's for you.

2 He is my father.

3 She is my teacher.

　No. 4

It's twelve. Let's have lunch at the restaurant.

1 Yes, let's. I'm hungry.

2 At eight o'clock.

3 Yes, it is.

4 (1)**3**　(2)**2**　(3)**1**　(4)**3**

🎧スクリプト

　No. 1

1 Tom is tired.

2 Tom is sad.

3 Tom is happy.

　No. 2

1 Mary can sing very well.

2 Mary can dance very well.

3 Mary can't dance.

　No. 3

1 Two dogs and a cat run.

2 A dog and two cats run.

3 Three dogs run.

　No. 4

1 It's April now.

2 It's August now.

3 It's December now.